나는 이불 속에서
콘텐츠로 월급 번다

- 딱 한 번만 팔면 계속 팔리는 콘텐츠 비즈니스의 비밀 -

나는 이불 속에서 콘텐츠로 월급 번다

• 보스언니(조경진) 지음 •

비즈니스북스

나는 이불 속에서
콘텐츠로 월급 번다

1판 1쇄 인쇄 2025년 5월 16일
1판 1쇄 발행 2025년 5월 23일

지은이 | 보스언니(조경진)
발행인 | 홍영태
편집인 | 김미란
발행처 | (주)비즈니스북스
등 록 | 제2000-000225호(2000년 2월 28일)
주 소 | 03991 서울시 마포구 월드컵북로6길 3 이노베이스빌딩 7층
전 화 | (02)338-9449
팩 스 | (02)338-6543
대표메일 | bb@businessbooks.co.kr
홈페이지 | http://www.businessbooks.co.kr
블로그 | http://blog.naver.com/biz_books
페이스북 | thebizbooks
인스타그램 | bizbooks_kr
ISBN 979-11-6254-423-5 03320

누구나 집에서 혼자 돈 벌 수 있는 시대, 당신도 이불 속에서 돈 벌 수 있다!

5년 동안 다닌 회사에서 승진을 앞두고 있던 시기에 나는 소중한 첫아이를 품에 안았다. 그리고 육아휴직을 선택했다. 그런데 종일 아이를 돌보다 보면 문득문득 가슴이 답답해지곤 했다.

'내가 쉬는 사이 후배들은 승진했을 텐데, 내가 그들을 따라잡을 수 있을까?'

'육아휴직이 끝나고 돌아가도 나는 여전히 인정받을 수 있을까?'

쉬는 동안 회사는 빠르게 변화하고 후배들은 몰라보게 성장했을 터였다. 나는 이전보다 더 나은 모습으로 돌아가야 했다. 그래서 선택한 것이 서비스 강사 자격증이었다. 업무 능력을 인정받을 수 있는 무언가가 필요했다. 자격증만 따면 나도 그들에게 뒤처지지 않을 거라고 믿었다.

그러나 자격증을 따는 일은 쉽지 않았다. 하루 5~6시간 강의를 들어야 했고 매일 왕복 네 시간 거리를 오가야 했다. 다른 건 다 괜찮다고 해도 당시 수유 중이었던 건 괜찮지 않았다. 조금씩 나아지긴 했지만 오후만 되면 가슴이 아파 왔다. 수유 패드를 했음에도 강의가 끝날 때쯤이면 이미 블라우스까지 푹 젖었고 혹여라도 냄새가 날까 봐 불안했다. 그렇지만 아무리 힘들어도 버텼다. 어떻게든 자격증을 따면 반드시 기회가 올 것이라고 믿었다.

그렇게 결국 서비스 강사 자격증을 취득했다. 하지만 문제는 그다음이었다. 자격증을 가지고 있다고 해서 바로 관련 부서로 이동이 되진 않았다. 외부에서 강의 요청이 매일 들어오는 것도 아니었다. 기업을 직접 찾아가고, 관련 기관에 등록하고, 강의 기회가 오기를 기다려야 했다. 누군가가 나를 선택해 줘야만 강의를 할 수 있었다.

그때 깨달았다. '선택을 받아야만 하는 현실' 속에서는 아무리 노력해도 기회를 보장받을 수 없다는 것을.

비단 강사만의 이야기는 아니다. 당시 비즈니스 대부분이 이렇게 움직였다. 책을 출판하려면 출판사의 선택을 받아야 했다. 제품을 팔려면 대형 유통업체에 입점해야 했다. 방송인이 되려면 방송사에 뽑혀야 했다. 어떤 일이든 선택을 받아야만 시작할 수 있었다.

하지만 지금은 다르다. 출판사의 선택을 기다리지 않아도 전자책을 내고 판매할 수 있다. 유통업체를 거치지 않고도 온라인 스토어를 열어 직접 판매할 수 있다. 방송사가 아닌 유튜브, SNS를 통해 개인 방송을 할 수 있다. 강의도 플랫폼을 통해 직접 운영할 수 있다.

이제는 '1인 기업가' 시대다. 막연히 누군가가 나를 선택하길 기다릴 필요가 없다. 기술과 도구를 활용하면 내가 직접 시장을 만들고 고객을 만날 수 있다. 이렇게 새로운 시대가 열렸음에도 여전히 많은 사람이 걱정한다.

'내가 그 모든 걸 혼자 할 수 있을까?'

'사업을 하려면 강의도, 마케팅도, 디자인도 해야 하는데 다 배워야 하는 거 아닌가?'

강의 중에 이런 질문을 받으면 나는 바로 대답한다. "그럴 필요 없습니다." 웹사이트? 코딩을 몰라도 몇 시간 안에 만들 수 있다. 디자인? AI 툴과 템플릿을 활용하면 충분하다. 마케팅? 자동화된 광고 시스템이 있다. 시간이 부족하다? 프리랜서와 협업하면 된다.

오늘날 1인 기업가는 혼자 모든 걸 다 하는 사람이 아니다. 필요한 기술과 도구를 적절히 활용할 줄 아는 사람이다. 능력이 부족해도 문제가 되지 않는다. 다만 한 가지는 반드시 갖고 있어야 한다.

바로 '어떤 도구를 활용하면 일을 쉽게 할 수 있는지 아는 것'이다.

기회는 누구에게나 열려 있다. 할 수 있느냐가 아니라 할 것이냐의 문제다. 나는 가능했다. 컴맹에 똥손, 의지박약, 프로 귀찮러인 나도 가능했다. 그렇다면 여러분도 할 수 있다. 기술과 도구는 이미 준비되어 있다. 중요한 것은 지금 일어나 움직이느냐, 움직이지 않느냐다. 이제 여러분의 차례다.

차례

프롤로그

누구나 집에서 혼자 돈 벌 수 있는 시대, 당신도 이불 속에서 돈 벌 수 있다!　• 005

LEVEL 0 — 비즈니스, 일단 한번 시작해 보면 안다!
제로 스테이지 벗어나기

내 첫 강의 수익은 0원이었다　• 017

팔리는 상품은 만드는 게 아니라 '준비되는' 것이다　• 025

첫 번째 미션: 6주 안에 1만 원이라도 벌어 보자!　• 032

당신의 소소하고 작은 일상이 돈이 된다　• 038

막막한 아이디어를 정리하는 '리스트 100'의 마법　• 045

보스언니가 알려 주는 시크릿 꿀팁 주제와 대상을 정하는 '리스트 100' 워크시트　• 052

외딴섬에서 소리쳐 봤자 고객은 못 듣는다　• 054

보스언니가 알려 주는 시크릿 꿀팁 고객 찾기 전략 체크리스트　• 064

주부에서 강사로, 첫 판매의 기적　• 067

LEVEL 1

"사세요!"보다 "모이세요!"가 먼저다

판매 전 고객 유입의 기술

어서 오세요, 고객이 오는 길에 레드카펫 깔기 · 075

마음만 끌지 말고 지갑도 열게 하는 CAP의 비밀 · 081

두 번째 미션: 잠재고객 100명을 모아 보자! · 088

SNS는 내 브랜드를 홍보해 주는 무료 직원 · 097

좋은 콘텐츠면 충분하다는 착각 · 103

광고 버튼 누르기 전에 꼭 알아야 할 세팅 기본기 · 110

보스언니가 알려 주는 시크릿 꿀팁 초보자를 위한 광고 아이디어 수집하는 법 · 119

취미로 시작해서 수공예 창업 강사가 되기까지 · 124

LEVEL

2

구경꾼에서
진짜 고객으로!
고객 전환의 기술

세 번째 미션: 뜨거운 고객 100명을 만들어 보자!   • 131

보내면 친해진다, 메시지 마케팅 레드카펫   • 136

루이비통이 카카오톡을 무기로 사용하는 법   • 142

보스언니가 알려 주는 시크릿 꿀팁 카카오톡 채널 5분 완성 가이드   • 150

모니터 앞에서 이뤄지는 고객 전환 마법, 웨비나 마케팅 레드카펫   • 154

온라인에서도 줄을 서요, 단톡방 마케팅 레드카펫   • 163

'좋아요'가 매출로 바뀌는 순간, 인스타그램 레드카펫   • 169

보스언니가 알려 주는 시크릿 꿀팁 하루 만에 끝내는 인스타그램 전략   • 180

검색으로 고객이 나를 찾게 하는 비결, SEO 레드카펫   • 184

보스언니가 알려 주는 시크릿 꿀팁 SEO 레드카펫 CAP 공식 적용 체크리스트   • 193

LEVEL 3 나는 이불 속에서도 돈을 번다
자동 수익 시스템 만들기

슬럼프는 시스템이 없을 때 찾아온다 • 199

네 번째 미션: 수익 라인을 세 개 이상 구축해 보자! • 206

보스언니가 알려 주는 시크릿 꿀팁 일의 효율을 높이는 자동화와 툴 • 213

세일즈가 두려운 '대문자 I'의 치트키, 에버그린 웨비나 • 215

보스언니가 알려 주는 시크릿 꿀팁 한눈에 보는 에버그린 웨비나 실행 전략 • 222

자동화로 이뤄 낸 성공, 4주 만에 매출 550만 원 달성 • 226

"또 올게요!"를 현실로 만드는 CRM 마케팅의 힘 • 232

매달 계좌로 달러가 쌓이는 비밀, 어필리에이트 마케팅 • 241

폐업 위기의 플라워숍, 구독 서비스로 다시 서다 • 249

LEVEL 4

꾸준한 성장, 나를 브랜드로 만드는 시간

1인 기업가 마인드셋 장착하기

고객이 만족하면 비즈니스는 저절로 성장한다 · 257

비즈니스 이전에 '내가 나를 경영하는 법' · 264

고객이 늘어날수록 시스템이 답이다 · 270

시간 관리는 곧 돈 관리다 · 276

미슐랭 요리사들이 망하는 이유 · 282

시장은 바뀌는데, 당신의 전략은 그대로인가요? · 289

주 · 295

LEVEL 0

비즈니스,
일단 한번
시작해 보면 안다!

제로 스테이지 벗어나기

내 첫 강의 수익은
0원이었다

'이상하네. 왜 아무도 신청을 안 할까?'

그날 나는 계속 휴대폰을 만지작거리며 오지 않는 알림음을 기다렸다. 아이들에게 점심을 차려 주고 놀이터에서 함께 시간을 보내는 동안에도 휴대폰 화면에서 눈을 떼지 못했다. 혹시 사이트에 문제가 있는 건 아닐까? 결제 시스템에 오류가 있는 걸까? 여러 번 확인했지만 시스템은 아무 문제가 없었다. 알림음 하나에도 가슴이 철렁하며 휴대폰을 확인하던 그날은 바로, 내가 6개월 동안 준비해 왔던 첫 온라인 강의 론칭 날이었다.

이 강의를 위해 말 그대로 모든 것을 쏟아부었다. 국내에서는 찾기 어려운 정보를 얻기 위해 해외 콘텐츠를 밤낮으로 탐독했고 그 자료를 한국 실정에 맞춰 수정하고 보완했다. 서툰 영어로 해외 전문가와 새벽에 라이브 미팅을 했고 강의 자료와 라이선스 사용을 협의했다.

강의가 어느 정도 준비되자 이 강의를 소개하고 판매할 웹사이트가 필요할 것 같았다. 하지만 프로그래밍이나 웹디자인에 문외한이었기에 500만 원이 넘는 비용을 들여 전문가에게 맡겼다. 그렇게 완성된 강의와 사이트를 보며 몹시 뿌듯했다. 온·오프라인으로 만나는 사람들에게 곧 론칭할 강의에 관해 이야기하면 모두 '너무 좋은 강의'라며 칭찬을 아끼지 않았다.

이제 합리적인 가격으로 론칭만 하면 수강 신청을 하겠다는 사람들이 몰려들 것만 같았다. 판매가 시작되면 나도 더 이상 경력단절 여성이 아니라 전문 강사로 당당히 인정받고 경제적으로도 곧 풍족해지리라 기대했다.

'이 정도로 완성도 높은 강의라면 분명 성공할 거야.'

그런데 막상 론칭 날이 되자 상황은 전혀 달랐다. 응원의 메시지는 넘쳐났지만 강의를 구매한 사람은 단 한 명도 없었다. 다음 날도, 그다음 날도…. 첫 강의 수익은 0원이었다. 완전히 망한 것이다.

'왜 이럴까? 어디서부터 잘못된 걸까?'

론칭 실패 후 한동안 아무것도 할 수 없었다. 모든 에너지를 쏟아부었는데 결승점에 도착한 게 아니라 길을 잃은 듯했다. 주변에서는 "잘했어. 다시 하면 돼."라고 위로해 주었지만 좌절된 마음은 쉽사리 회복되지 않았다. 준비하는 많은 시간 동안 응원해 주고 지지해 준 가족과 주변 사람들에게 너무나 미안했다.

'그래 내가 무슨…. 이렇게 쉽게 될 거였으면 다들 잘 됐겠지.'

자괴감이 들었다. 늘 곁에 두었던 노트북을 열 엄두조차 나지 않았다.

시간은 그렇게 흘렀다. 나는 그동안 강의를 준비하느라 하지 못했던 요리를 하고 휴대폰 게임을 하고 유튜브, 넷플릭스를 보며 하루하루를 보냈다. 그렇게 한 달여가 지난 어느 날, 아이들의 과제를 돕기 위해 컴퓨터를 켰다. 부팅과 함께 한동안 닫지 않았던 수많은 창이 화면에 떴다. 내가 참고했던 기사들, 자료들, 사이트들 등 그 흔적을 하나하나 닫으며 문득 이런 생각이 들었다.

'이들은 아직도 팔고 있는데, 왜 나는 못 팔았을까?'

그리고 그 순간, 머릿속을 스치는 한 가지 생각이 있었다.

'상품을 만들기 전에 먼저 판매했어야 했고,
판매하기 전에 먼저 사람을 모았어야 했구나.'

완벽한 상품보다 필요한 건 '지금 팔 수 있는 전략'

내가 한 첫 번째 실수는 '완성된 상품이 있어야 판매를 시작할 수 있다'라는 생각이었다. 이 생각은 좋은 상품이 있다면 고객들이 알아서 몰려올 것이라는 믿음에서 온 것이다. 하지만 큰 착각이었다. 사실 모든 사람에게 완벽한 상품은 없다. 각자의 필요와 상황에 맞는, 즉 내게 맞는 상품이 있을 뿐이다.

세계적인 마케터 세스 고딘 Seth Godin은 그의 저서 《마케팅이다》에서 이렇게 말한다. "마케팅의 본질은 모든 사람을 만족시키는 것이 아니라 특정한 고객에게 필요한 것을 제공하는 것이다." 그의 말처럼 성공적인 판매는 모든 사람을 만족시키려는 욕심을 버리고 명확한 타깃층의 요구를 충족시키는 데서 시작된다.

특히 초보 사업가라면 '완벽한 상품'이라는 환상을 더더욱 경계해야 한다. 많은 사람이 나처럼 판매는 완성된 상품이 있어야만 가능하다고 생각한다. 그래서 본인이 생각하는 상품을 완성하는 데 집중한다. 하지만 처음 비즈니스를 시작하는 사람이라면 상품을 완성하는 것 자체가 생각보다 힘들다. 게다가 대충 완성하는 게 아니라 상품의 완성도를 높이는 데 집중하기 때문에 많은 시간과 노력이 들어간다.

이 노력은 시간이 지날수록 부담으로 작용하고, 그 결과 상품이 완성되지 못해 출시하지 못하는 악순환에 빠지기 쉽다. 또한 힘들게 상품을 완성했다고 해도 대중의 선택을 받지 못하는 경우가 부지기수다. 결국 그동안 쏟아부은 노력과 자원은 물거품처럼 사라지고 만다.

바로 그렇기에 상품을 만들기 전에 먼저 판매를 시작해야 한다. 상품의 완성도가 커질수록 '내 상품이야말로 대중이 필요로 하는 것'이라는 착각에 빠지기 쉽다. 그러나 내 생각과 대중의 니즈는 전혀 다를 수 있다.

처음 비즈니스를 시작하는 사람은 특히 고객이 무엇을 원하는지 제대로 파악하지 못할 가능성이 크다. 그래서 완벽하게 준비한 상품이 외면당했을 때 사람들은 흔히 이렇게 생각한다. '사람들이 보는 눈이 없네. 내 상품을 한 번만 써보면 그 진가를 알 텐데!' 그러나 고객이 알아주지 않는 상품은 아무리 좋아도 시장에서 의미가 없다.

이런 이유로 상품을 완성하기 전에 먼저 잠재고객을 깊이 연구하고 상품을 테스트하는 과정이 필요하다. 테스트를 통해 고객의 피드백을 반영하는 것은 실패를 줄이고 대중이 진정으로 원하는 상품을 만드는 지름길이다.

첫 실패 후 나는 판매 전략을 전면 수정했다.

'강의가 완성되기 전에 사람들을 먼저 모으자.'

이제 목표는 상품의 완성도가 아니라 그 상품이 필요한 고객을 미리 확보하는 것이었다. 이를 위해 나는 해외의 백만장자 강사들이 활용하는 마케팅 방법을 연구했다. 브렌든 버처드Brendon Burchard,[1] 토니 로빈스Tony Robbins,[2] 마리 폴레오Marie Forleo[3] 같은 해외의 유명한 강사들은 웨비나Webinar 와 부트캠프boot camp 를 활용해 초기 고객을 효과적으로 끌어들이고 판매로 전환했다. 그들의 방식을 참고해 나도 무료 라이브 웨비나와 4주간의 부트캠프를 기획했다.

웨비나

온라인 상에서 진행되는 세미나로, 짧은 시간 안에 잠재고객들에게 가치를 제공하고 상품의 매력을 직접적으로 보여 줄 수 있는 강력한 방법이다. 나는 '지금 바로 시작할 수 있는 온라인 수익화 방법 여섯 가지'라는 주제로 한 시간짜리 무료 라이브 웨비나를 진행했고 강의 끝부분에 관련 상품을 소개했다. 많이 긴장한 상태에서 진행한 첫 웨비나였지만 약 30만 원의 수익을 냈다. 첫 실패를 하고 두 달 만에 얻어 낸 작은 성과였고 내게는 잊을 수 없는 성공 경험이었다.

부트캠프

단기간에 집중적인 교육과 실행을 통해 고객들에게 실질적인 변화를 경험하게 하는 방법이다. 나는 매주 한 시간씩 4주간 초보자를 대상으로 하는 '온라인 강의 비즈니스로 수익 내기' 부트캠프를 진행했다. 무료 강의 프로그램이었지만 참가자들에게 실질적으로 바로 활용할 수 있는 여러 가지 방법을 알려 주고, 매주 과제를 내주면서 바로 시작할 수 있도록 독려했다. 그 결과 함께 도전한 사람들로부터 많은 감사 메시지를 받았고 마지막 날에 진행한 관련 강의 론칭에서는 약 500만 원의 수익이 났다. 첫 강의 론칭 수익 0원에서 500만 원으로 가기까지는 4개월도 채 걸리지 않았다. 이 성공은 실패 속에서 방황하던 내게 다시 희망을 안겨 주었고 더 멀리 나아갈 힘을 주었다.

알고 보면 많은 글로벌 기업이 이와 비슷한 방법을 사용해 성공을 거두고 있다. 애플은 신제품을 출시하기 전에 항상 예약 판매를 진행한다. 이 과정은 단순히 판매를 넘어선 전략으로, 예약 판매를 통해 애플은 시장의 수요를 정확히 파악하고 초도 물량을 조정하며 재고로 인한 손실을 최소화한다. 또한 예약 구매자들이 온라인에 남기는 피드백은 제품

출시 전까지 최종적인 품질 개선에 활용된다. 이 전략은 소비자들에게도 '제품이 곧 도착할 것'이라는 기대감을 준다. 그리하여 브랜드 충성도를 높이고 초기 판매량을 극대화하는 데 크게 기여한다.

구글은 새로운 소프트웨어나 서비스를 정식 출시하기 전에 베타테스트를 진행한다. 예를 들어 G메일을 처음 출시했을 때도 초대 기반 베타테스트로 시작했다. 초기 사용자들은 서비스를 체험하며 구글에 실질적인 피드백을 제공했고, 구글은 이를 통해 사용자 경험을 개선했다. 베타테스트는 단순한 품질 관리 이상의 효과가 있다. 초기 사용자는 새로운 제품을 체험해 보는 특권을 느끼며 브랜드에 대한 충성도가 높아진다. 그리고 입소문은 다음 단계의 사용자 유입을 자연스럽게 끌어낸다.

내가 활용한 웨비나와 부트캠프, 애플의 사전 예약 판매, 구글의 베타테스트는 모두 단순히 상품을 판매하는 것을 넘어 잠재고객을 끌어들이고 신뢰를 쌓으면서 관계를 형성하는 데 초점을 맞춘 전략이다. 물론 장기적인 관계를 형성하기 위해 좋은 상품을 준비하는 것은 필수적이다.

상품보다 전략을 먼저 만들라는 건 절대로 완벽한 상품을 준비하지 말라는 의미가 아니다. 완벽한 상품을 만드는 데(사실 그것도 완벽한 상품이 아니다) 6개월 이상을 소비하고, 적지 않은 돈을 쓰고도 판매를 하지 못한다면 그 노력은 헛된 것이 될 수 있다는 말이다. 따라서 완벽한 상품을 만드는 데 몰두하기보단 짧은 시간 내에 고객과 소통하고 수익을 낼 수 있는 전략을 활용하라는 것이다.

더구나 이 방법들은 대규모 자본이 없어도 누구나 할 수 있는 방법이다(사실 비싼 사이트도 필요가 없었다). 앞으로 레벨 1 파트와 레벨 2 파트에서 웨비나와 부트캠프의 구체적인 실행 방법을 자세히 다룰 예정이다. 기획과 실행, 고객과의 연결까지 단계별로 구체적인 방법을 다루니 꼭 살펴 보길 바란다.

팔리는 상품은
만드는 게 아니라
'준비되는' 것이다

"스타벅스 커피 좋아하는 사람은 커피 맛을 모르는 사람이야."

"내가 맥도날드보다 더 맛있는 햄버거를 만들 수 있어."

"저 사람 하는 말 정도는 나도 하겠다."

한 번쯤 이런 말을 들어 본 적이 있을 것이다. 실제로 스타벅스보다 더 맛있는 커피를 만들고 맥도날드보다 품질 좋은 햄버거를 만드는 사람도 세상에 많다. 그런데 왜 그들은 스타벅스나 맥도날드처럼 성공하지 못했을까? 흔히 사람들은 성공한 이들이 좋은 인테리어, 많은 자본, 좋은 직원 등 많은 것을 이미 가지고 있었다고 생각한다. 그렇지만 스타벅스와 맥도날드도 처음부터 오늘날과 같은 거대한 체인은 아니었다.

스타벅스는 1971년 미국 시애틀의 작은 가게에서 출발했다. 당시 스타벅스는 우리가 아는 카페가 아니라 단순히 고급 원두를 판매하는 소매점이었다. 지금처럼 커피를 매장에서 마실 수 있는 카페 형태로 전환된 것은 그로부터 10년이 지난 후였다.

맥도날드 역시 1940년에 미국 캘리포니아의 작은 드라이브인 햄버거 가게로 시작했다. 처음에는 메뉴가 다양했지만 점점 메뉴를 단순화하고 효율성을 높이면서 현재의 '패스트푸드 시스템'을 완성했다. 이들은 한순간에 성공한 것이 아니다. 우리가 아는 현재의 모습은 체계적인 단계를 밟아 가며 축적한 결과다.

그러니 스타벅스와 맥도날드처럼 성공을 꿈꾼다면 그들의 현재 모습을 따라가려고 하기보다는 그들이 밟아 온 단계를 이해하고 실행해야 한다. 처음부터 완벽한 카페를 열거나 거대한 프랜차이즈를 흉내 내기 위해 비싼 인테리어나 광고에 투자할 필요는 없다. 더구나 1인 비즈니스를 한다면 그들을 따라가는 것 자체가 무리다.

먼저 작은 매장으로 시작해 보자. 작은 규모의 카페를 하나 열어만 봐도 뜻하지 않은 어려움을 만나고 반드시 알아야 하지만 몰랐던 비즈니스 정보들을 배우게 된다. 메뉴를 어떻게 구성할지, 손님이 없는 시간을 어떻게 메꿀지, 직원 관리와 재료 수급은 어떻게 할지 등 탁상공론으로는 절대 알 수 없는 실질적인 문제들이 보이기 시작한다. 이렇게 여러 문제들을 겪고 해결해 봐야 비로소 시스템을 확립하고 규모를 늘릴 수 있다.

온라인 비즈니스도 마찬가지다. 많은 사람이 좋은 상품을 만들고 광고를 하거나 SNS를 하면 바로 큰돈을 벌 수 있다고 착각한다. 하지만 실제로는 팔리는 상품을 준비하고 고객이 오는 길을 준비하는 과정이 필요하다. 이는 구체적인 비즈니스 계획과 실행을 통해서만 단계별로 알 수 있다. 내가 직접 경험했고 지난 5년간 운영해 온 '기업가연구소 보스랩' 활동을 통해서도 이 점을 수없이 확인했다.

현재 나는 기업가연구소 보스랩을 통해 30~50대 개인 창업자들이 온라인 비즈니스를 체계적으로 설계하고 성공적으로 운영할 수 있도록 돕고 있다. 이곳에서는 성과가 나지 않는 배움을 지양하고 삶을 변화시키는 비즈니스를 이야기한다. 지난 5년 동안 보스랩과 함께한 수천 명의 다양한 창업자들은 작은 성공에서 시작해 차근차근 단계를 밟아 가며 비즈니스를 확장했다.

최근 1~2년 사이에는 이미 다양한 비즈니스 강의를 공부하고 보스랩에 도움을 받고자 찾아오는 분들이 많아졌다. 이들은 세일즈 퍼널, 타깃팅, 브랜딩 등의 용어에도 익숙하며 강의 중에 답변을 척척 하기도 한다. 일하지 않고도 돈이 벌리는 억대 부자의 삶을 꿈꾸며 부지런히 강의도 듣고 책도 읽는다. 그런데도 흥미로운 점은 이런 수강생의 10퍼센트 미만만이 비즈니스를 성공적으로 구축한다는 것이다. 내가 찾은 그 이유 중 하나는 단계를 착실히 밟지 않고 건너뛰려는 사람일수록 실패 확률이 높다는 점이다.

비즈니스 레벨 업, 4단계만 따라 하면 된다

비즈니스 성공을 꿈꾼다면 각 단계에서 필요한 준비와 실행을 경험하면서 차근차근 올라가는 것이 중요하다. 이 책에서는 '온라인 비즈니스 성공을 위한 4단계 로드맵'을 바탕으로, 각 단계별로 어떤 준비를 해서 다음 단계로 갈 수 있는지 알아볼 것이다.

1단계: 일단 시작하기

레벨 업 미션: '첫 1만 원 벌기'

아직 비즈니스를 시작하지 못한 단계로, 레벨 0이라고 할 수 있다. 판매 상품의 완성 여부와 상관없다. 이 단계에서의 목표는 '6주 안에 1만 원이라도 벌어 보기'다. 많은 사람이 모든 것이 준비되면 시작하겠다고 말한다. 하지만 완벽한 준비라는 것 자체가 환상에 불과하다. 일단 수익화에 성공하면 길이 보인다.

2단계: 잠재고객 모으기

레벨 업 미션: '잠재고객 100명 모으기'

판매 경험은 있지만 판매 금액이나 수량이 아직 적은 경우로 레벨 1에 해당된다. 이미 판매와 수익을 내는 과정을 겪어 봤기 때문에 잠재고객들이 원하는 것이 무엇인지, 어디에 모여 있는지 등은 알고 있다. 이제

▶ 온라인 비즈니스 성공을 위한 4단계 로드맵

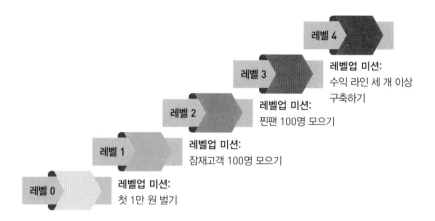

는 상품에 관심을 가진 잠재고객을 모으는 것이 목표다. 대기업들은 새로운 제품을 출시할 때 이미 그전부터 TV, 검색 포털, SNS 등 다양한 채널에서 대대적으로 광고하고 이벤트를 한다. 우리도 적은 비용으로 효과적으로 잠재고객을 모으는 방법을 찾아야 한다.

3단계: 브랜드 만들기

레벨 업 미션: '찐팬 100명 모으기'

세 번째 단계부터는 비즈니스 확장에 초점을 맞춘다. 두 번째 단계에서 모은 100명의 잠재고객이 모두 내 상품을 구매해 준다면 너무 좋겠지만 실제 구매하는 인원수는 생각보다 매우 낮다. 대표적인 드롭쉬핑 dropshipping(판매자가 상품 재고를 마련해 두지 않은 채 주문을 처리하는 유통 방식. 주문이 발생하면 판매자가 아닌 제품 제조사가 고객에게 곧바로 배송한다) 플랫폼 오벨로 Oberlo에서 조사한 2024년 5월 전자상거래 사업체의 평균 전환율은 1.78퍼센트다.[4] 즉 제품에 관심 있는 사람 5만 명을 모아야 1,000개의 판매가 이뤄진다는 것이다.

그래서 우리는 구매전환율을 높이기 위해 단순한 잠재고객이 아닌 상품에 깊은 관심을 가지고 구매 의사가 있는 '찐팬'을 만드는 것이 목표다. 1만 명의 팔로워보다는 내게 물건을 판매해 달라고 요청하는 찐팬 100명을 모아 보자.

4단계: 수익 시스템 구축하기

레벨 업 미션: '수익 라인 세 개 이상 구축하기'

이 단계에 있는 사람들은 사업을 시작할 때와는 다른 어려움을 경험한다. 사실 찐팬을 100명 이상 모았다면 일반 급여생활자의 월급보다 더 많은 수익이 자동으로 따라올 것이다. 하지만 사업의 성공은 단순한 판매 활동을 넘어 어떻게 지속적으로 수익을 창출하고 확장할 수 있는지에 대한 체계적인 접근이 필요하다. 지속적인 수익을 확보하기 위해 다양한 수익 파이프라인을 구축하고 성공적인 전략을 시스템화해 확장하도록 하자.

지금까지 비즈니스 성공을 위한 로드맵을 간단히 설명했다. 구상 중인 비즈니스를 어떻게 시작하고 접근하며 준비해야 하는지 대략적인 방향이 그려졌기를 바란다. 아직 어떻게 해야 할지 잘 모르겠다고 해도 상관없다. 앞으로 각각의 파트에서 구체적으로 어떤 것들을 어떻게 준비하면 되는지 알려 줄 것이다. 이 책에서는 나와 내 커뮤니티에 있는 분들이 실제로 사용하고 효과를 본 방법들을 낱낱이 공개했다. 본인이 속한 단계가 몇 단계인지 정확히 파악하고 하나씩 차근차근 준비해 가길 그리고 반드시 성공하기를 바란다.

첫 번째 미션:
6주 안에 1만 원이라도
벌어 보자!

온라인 비즈니스를 시작할 때 무조건 성공하는 방법이 있다. 이 방법은 초보자일수록 더욱 효과가 크니 집중해서 알아보자. 일단 '온라인으로 비즈니스를 하겠다'라고 마음먹은 초창기부터 이 방법을 사용하는 사람과 그렇지 않은 사람은 결과적으로 큰 차이가 난다. 그뿐만 아니라 초반에 이 방법을 시도하지 않는다면 큰 손해를 보거나 영원히 비즈니스를 시작하지 못할 수도 있다.

이처럼 간단하지만 매우 강력한 이 방법은 바로 단기간에 비즈니스를 시작해서 일단 운영해 보는 것이다. 여기서 중요한 것은 모두 준비된 후, 조금 더 전문가가 된 후가 아니라 '지금 바로' 시작하는 것이다. 나는 가능하면 4~8주 안에 수익화를 한번 경험해 보는 걸 추천한다.

"6주 안에 1만 원이라도 벌어 보세요."

나는 강의를 듣는 레벨 0의 사람들에게 항상 이 미션을 첫 번째로 제시한다. 어느 정도 비즈니스를 준비하던 사람들뿐만 아니라 이제 막 시작하려는 초보자에게도 똑같은 미션을 준다. 심지어 초보자를 대상으로 하는 '6주 만에 지식창업으로 수익 내기'라는 챌린지에서, 6주 안에 1만 원도 수익을 내지 못했을 경우 수강료 전액을 돌려주는 조건을 걸 정도로 나는 이 미션에 진심이다.

초보자에게 수익부터 내라고 말하는 이유

초보자를 대상으로 하는 첫 번째 미션이 단기간에 수익부터 내는 것이라니, 이상하다고 생각할 수 있다. 하지만 그렇게 해야 할 이유는 매우 많다. 크게 네 가지를 꼽으면 다음과 같다.

비즈니스의 목표는 수익화다

"이 강의를 하기 위해 이런 자격증도 가지고 있어요."

"마케팅을 위해 마케팅 전문가 과정을 듣고 있어요."

온라인 비즈니스를 시작하는 사람이라면 누가 뭐라 해도 목표는 수익화일 것이다. 다니던 회사를 그만두고 새로운 일을 찾는 사람, 퇴직 후 또는 경력단절 등의 이유로 시작하는 사람 모두 수익화를 목표로 한다. 그런데 '6주 안에 수익 내기'와 같이 구체적인 기간을 정해 두지 않으면 사람들은 시작을 아예 하지 못한다. 분명 목표는 온라인으로 무엇인가를 판매해서 돈을 버는 건데, 오랜 기간 공부만 하는 사람들이 있다. 책도 읽고 여러 강의도 듣지만 계속 배우기만 하고 실제로는 아무것도 하지 못하는 경우가 많다. 최고의 방법을 찾으려다 아예 시작도 하지 못하는 것이다. 그러나 일단 어떻게든 수익을 내보면 가능성을 보게 되고 다음 단계로 나아갈 힘을 얻는다.

실제 수요를 확인할 수 있다

"저는 정말 좋은 아이디어가 많이 있어요."

"이런 것을 배우려는 사람들이 있을까요?"

자신의 실력이나 자신이 정한 잠재고객이 적절한지 확신하지 못하는 사람들이 많다. 아니면 정말 틈새 부류라 어느 정도의 수요가 있는지 모르는 경우가 있다. 이때는 막연하게 '수요가 있겠지…'라고 생각하지 말고 직접 수익화를 시도하면서 수요 조사를 해야 한다.

실제로 한 수강생은 요즘 AI 교육을 찾는 사람들이 많다는 생각에 강의를 준비하고 있었다. 하지만 하루가 다르게 업데이트되는 AI 정보들에 '조금 더 알아보고 강의를 해야 하는 건 아닐까' 생각하며 론칭을 몇 달째 못 하고 있었다. 그런데 무료 강의를 하다 보니 기본적인 AI 툴 사용 방법을 알고자 하는 사람들이 많다는 것을 알게 되었고 이를 토대로 기초 강의를 바로 시작할 수 있었다. 명심하자. 비즈니스는 막연한 예측이 아닌 실제 데이터를 기반으로 해야 한다.

고객이 내게 오는 길을 알 수 있다

"SNS에서만 홍보하면 되겠지?"

"블로그 상위 노출이 되면 사람들이 오겠지?"

이런 막연한 기대는 실행해 보지 않으면 깨닫기 어렵다. 고객을 모으기 위해서는 고객의 관점으로 내 상품을 봐야 하고 내 상품으로 오는 길을 반드시 확인해야 한다. 실제로 많은 사업가가 멋진 사이트를 만들고 사람들이 알아서 찾아오기를 기다리는 경우가 많다. 또는 고객이 오는 길을 제대로 파악하지 못해 블로그를 해야 한다는 말에 블로그를 만들고, 시각적으로 전문가처럼 보여야 한다는 말에 전문 디자이너에게 의뢰하고, 전문 SNS 관리자를 두어야 한다는 말에 관리 대행을 맡기며 시간과 비용을 낭비하기도 한다.

그러나 직접 모객과 수익화 과정을 경험하다 보면 웹사이트의 필요성이나 자신에게 효과적인 SNS 채널 등 고객이 찾아오는 경로를 자연스럽게 파악하게 된다. 그러면 이후 마케팅 단계에서 시간과 비용을 크게 절약할 수 있다.

전문성을 쌓을 수 있다

"저는 전문가가 아닌데 사람들이 구매할까요?"

"전문성을 쌓으려면 강의 경험을 쌓아야 해요. 사람들은 강의 경험이 있는 전문가를 찾아요."

많은 초보자가 이런 고민을 한다. 하지만 전문성은 자격증이나 경력이 아니라 고객과의 경험을 통해 쌓아 가는 것이다. 지금 시작 단계여서 아직 전문가로서 자리매김을 하지 못했거나 다른 상품들과 비교했을 때 월등한 무엇인가가 없다면 초보자를 대상으로 한 작은 강의나 상품으로 시작하자. 초보 고객들에게 유용한 정보를 제공하고 합리적인 가격으로 상품을 판매하면서, 고객의 반응과 피드백을 바탕으로 전문성을 조금씩 구축하는 것이다.

특히 내 전문성을 보여 주는 후기를 소비자에게 받을 수도 있다. 특별한 자격증이나 경력이 없더라도, 진정성 있는 고객 후기들은 전문성을 입증하는 강력한 증거가 되어 다른 고객들의 구매 결정에도 큰 영향을 미친다.

디지털 커뮤니케이션 에이전시 포디엄 Podium의 연구에 따르면 소비자의 93퍼센트가 구매 결정을 내리기 전에 리뷰를 읽는다고 응답했고, 82퍼센트가 리뷰를 보고 특정 비즈니스를 선택하는 데 큰 영향을 받는 것으로 나타났다.[5] 이는 상품을 구매할 때 상품 설명보다 다른 고객의 리뷰를 더 신뢰하고 이를 구매 결정에 중요한 요소로 삼는다는 것이다. 6주간 수익화를 위한 여러 가지 시도를 하는 것은 이렇게 중요한 고객 리뷰를 받고 전문성을 쌓을 좋은 기회가 될 수 있다.

비즈니스를 시작하면 실패는 피할 수 없는 과정이다. 중요한 것은 그 실패를 통해 무엇을 배우고 앞으로 어떻게 나아가느냐다. 영국 출신의 세계적인 기업가이자 버진 그룹 Virgin Group의 창립자 리처드 브랜슨 Richard Branson은 이렇게 말했다. "성공의 비결은 실패를 두려워하지 않고 그 실패에서 배우는 것이다."

나 역시 첫 강의 수익이 0원이었지만 그 실패를 통해 더 나은 방향으로 나아갈 길을 발견했다. 6개월 동안 열심히 준비하면서도 알지 못했던 비즈니스의 주요 요소들이 실패 후에야 비로소 보이기 시작했다. 실행, 즉 일단 해보는 것은 이런 통찰을 얻는 유일한 방법이다. 그렇기에 6주 안에 수익 내기에 실패하더라도 이는 성공으로 가는 과정인 것이다.

이 책을 단순히 흥미롭게 읽는 데 그치지 말고 반드시 6주 안에 수익을 내겠다는 목표를 세워 실행해 보길 바란다. 수익화를 목표로 삼는 순간 사고방식이 달라지고 비즈니스를 실행하는 방법을 고민하기 시작할 것이다. 이제 실제로 6주 안에 수익화를 이룬 사례와 실천 가능한 방법들을 살펴보자. 이 사례들을 통해 여러분도 자신의 상황에 맞는 실행 방법을 발견하고 실천할 수 있을 것이다.

당신의 소소하고 작은 일상이
돈이 된다

6주 안에 수익을 내려면 크고 거창한 사업계획이나 비즈니스를 준비할 수 없다. 자신과 가장 가까운, 가장 익숙한 것에서부터 사업 아이템을 구상하고 이를 가장 효과적으로 실행할 전략을 세워야 한다.

여기 매일 늦잠을 자지만 이른 아침 하루를 시작해서 하루를 알차게 보내고 싶어 하는 사람, 건강을 위해 매일 스쾃을 하는 50대 여성, 손글씨가 예쁜 가정주부 이렇게 세 명이 있다. 이 세 사람은 소소한 아이디어로 수익화를 만들어 냈다는 공통점이 있다. 이들이 일상의 작은 발상과 실행으로 어떻게 수익화에 성공했는지 알아보자.

"겨우 이걸로 돈을 벌었다고요?"

돈 주고 모닝콜을 사는 사람들

"좋은 아침입니다. 자, 심호흡 한번 하시고 한 번에 일어날게요. 하나, 둘, 셋!"

매일 아침 왠지 기분 나쁜 휴대폰 알람 소리가 아니라 누군가의 전화로 하루를 시작하는 사람들이 있다. 연인 사이의 달콤한 모닝콜이 아니다. 하루를 일찍 시작하라는, 미라클 모닝을 격려하는 기분 좋은 모닝콜이다. 혹시나 하고 시작한 이 모닝콜은 A에게 수익을 가져다주었다.

A는 시간 관리 관련 책을 읽으면서 한동안 '미라클 모닝'에 집중했었다. 《미라클 모닝》의 저자 할 엘로드 Hal Elrod의 말대로 단 6분이라도 좋으니 매일 아침 루틴을 진행한 것이다. 그에 따르면 명상, 확언 소리 내어 말하기, 목표를 성취했을 때를 상상해 보기, 감사 일기 쓰기, 책 읽기, 운동하기에 각각 1분씩만 써도 하루가 바뀐다. A가 직접 테스트 삼아 몇 번 시도해 보니 아주 좋았다. 문제는 매일 이른 아침에 일어날 자신이 없었다는 것이다.

A는 아침에 일어날 의지를 만들기 위해 다른 사람들과 함께하는 방법을 찾았다. 당시 한창 강의 론칭을 준비 중이었기에 챌린지를 운영하는 등 많은 시간을 쓰기는 힘들었다. 그래서 생각해 낸 것이 모닝콜이었다. 휴대폰 등 알람 시계가 다양하게 있음에도 모닝콜 관련 커뮤니티 카페

가 있을 정도로 수요가 있음을 확인하고는 바로 크몽 kmong이라는 프리랜서 플랫폼에 유료 모닝콜 서비스를 등록했다. 그리고 기존의 모닝콜과 차별화하기 위해 미라클 모닝의 아침 루틴을 할 수 있도록 리드해 주겠다고 강조했다.

하지만 추가로 마케팅이나 광고를 하지 않고 크몽에 상품을 업로드해 두기만 했다. 솔직히 A 자신조차도 과연 모닝콜을 돈 주고 신청하는 사람이 있을까 생각했던 것이다. 그리고 2주도 채 지나지 않아 첫 판매가 이뤄졌다.

이 모닝콜로 큰돈을 벌었느냐면, 그렇지는 못했다. 하지만 신청자가 늘고 주 단위로 신청하던 사람들이 월 단위로 신청하면서 A는 모닝콜 수익으로 강의 론칭 광고를 할 수 있었다. 그뿐만 아니라 원했던 아침 루틴을 몇 달간 성공적으로 진행할 수 있었다. 평소라면 피곤해서 알람을 끄고 잠을 잤을 날에도 고객과의 약속이기 때문에 눈을 뜨고 일어났다. 가장 큰 수확은 이런 일상 속 반복되는 작은 습관이나 서비스가 온라인 비즈니스 기회가 될 수 있다는 걸 알았다는 것이다.

매일 아침 함께하는 스쾃 100개 챌린지

50대 여성인 B는 건강을 유지하고 자신의 몸을 사랑하는 방법을 찾고 있었다. 특히 전문적인 운동이나 체육관 같은 곳에 가지 않고도 꾸준히 할 수 있는 운동을 찾았는데, 우연히 스쾃을 알게 되었다. 스쾃은 운동 도구가 필요한 것도 아니고 혼자서 좁은 공간에서도 할 수 있는 운동이라는 점이 좋았다.

B는 꾸준히 운동하기 위해 스쾃을 하는 모습을 촬영해서 인스타그램에 올리기 시작했다. 멋진 옷을 입지도, 화장을 하지도 않은 채 거실이나 베란다에서 휴대폰으로 영상을 찍어 올렸다. 처음에는 별로 반응이 없었다. 그런데 그녀가 꾸준히 노력하며 점점 건강한 몸으로 변해 가는 모습을 보고 또래 여성들이 점점 관심을 갖기 시작했다.

그녀와 비슷한 40~50대 여성들은 나이보다 어려 보이게 관리하는 방법을 찾고 있었다. 그리고 그녀처럼 집에서도 쉽게 할 수 있는 운동을 찾고 있었다. B는 그런 사람들에게 운동 방법 및 식단을 댓글로 알려 주며 소통했고 그와 함께 팔로워 수가 계속 늘었다. 하지만 거기까지였다. 그녀에게도 다이어트 식품이나 운동용품 등 공동구매 및 홍보 문의가 들어오기 시작했지만 그런 상품들을 직접적으로 판매하고 싶지는 않았기에 수익으로 이어지진 않았다.

나는 B에게 온라인으로 운동 챌린지를 진행하기를 제안했다. 처음에 그녀는 "온라인으로 사람들이 운동을 하려 할까요?" 하며 의구심을 표했다. 하지만 나는 일단 모집 공지를 해보고 결정하자고 제안했고 그녀는 '스쾃 100개 챌린지'를 소개하는 글을 피드에 올렸다.

그녀의 '스쾃 100개 챌린지'는 간단했다. 한 달 동안 평일 오전 7시에 온라인으로 모여 카메라를 켜고 스쾃 100개를 진행하는 것이 전부였다.

간단한 챌린지였다. 한 달 동안 챌린지에 참여하는 비용은 1만 원이었는데, 그마저도 매일 참여할 경우 전액 환불해 준다는 조건이었다.

'스쾃 100개 챌린지'를 모집할 예정이라는 선공개 피드를 올리자 바로 반응이 왔다. 그녀와 함께 운동하면 할 수 있을 것 같다는 댓글이 달리기 시작한 것이다. 그리고 며칠 뒤 정식 모집 공고를 인스타그램에 올린 지 네 시간 만에 목표했던 20명의 신청을 받고 마감할 수 있었다.

스쾃으로 과연 수익을 낼 수 있을까? 처음엔 이렇게 의심했지만 2주도 안 되어 B의 통장에는 20만 원의 수익이 생겼다. 항상 혼자서 아침마다 하던 운동을 그대로 하는데 생긴 돈이다. 나도 분위기를 살펴보기 위해 1회 참여해봤는데, 이른 아침에 줌ZOOM에서 만나 각자 카메라를 켜고 스쾃을 함께 하는 것이 생소하면서도 재미있었다. 개인적으로 한 번도 도전해 보지 않았던 스쾃 100개였지만 다른 사람들이 열심히 하는 모습을 보며 하다 보니 포기하지 않고 성공할 수 있었다.

B는 운동을 전문적으로 하던 사람이 아니다. 그렇다고 배에 멋진 근육이 있거나 필라테스 강사들처럼 예쁜 몸매인 것도 아니다. 하지만 그녀는 스쾃의 효과를 직접 체험한 후 사람들이 하루 100개씩 실천할 수 있도록 독려하는 챌린지를 통해 수익을 올렸다. 지금도 매달 30명 정도가 그녀의 스쾃 100개 챌린지를 신청한다. 또한 그녀는 이제 스쾃 100개 챌린지뿐만 아니라 식단 등 정보를 공유하는 건강하고 젊은 몸 만들기 프로그램을 진행하고 있다.

디지털 시대에 손글씨 강의를 듣는 이유

나는 다양한 유·무료의 강의를 듣는다. 작년에도 몇 개의 강의를 신청했는데 그중 내 비즈니스와 전혀 상관없는 주제의 강의가 딱 하나 있다. 바로 '미꽃체'라는 손글씨 강의였다. 사실 대부분 작업은 워드나 한글 프로그램으로 하기 때문에 손글씨를 쓰는 경우는 별로 없다. 그런데도 이 강의를 신청한 이유는 순전히 광고 속 한 문장 때문이었다.

'내가 적은 우리 아이 학생 카드를 보고 선생님이 한 번 더 기억하게 된다.'

마침 학교에 아이들 체험학습 신청서를 손으로 적어서 낸 후였다. 적으면서도 '글씨가 별로라 좀 마음에 안 드네…'라고 잠시 생각했던 게 마음 한구석에 남아 있었나 보다. 평소에는 보더라도 곧장 넘겼던 광고였는데, 그날따라 '내 글씨가 저렇게 변한다면 어떨까'라는 생각이 들었다. 그리고 그렇게 강의를 신청했다.

손글씨를 잘 쓰면 온라인 비즈니스와 어떻게 연결할 수 있을까? 기존에는 폰트를 판매하거나 이모티콘을 만들어서 판매하거나 캘리그라피같이 글씨가 들어간 작품을 판매하는 정도였다. 그런데 손글씨를 예쁘게 쓰는 방법을 차근차근 알려 주는 온라인 강의가, 2024년 5월 초 현재 3만 790명이 수강했으니 얼추 계산해도 15억 원 이상의 매출이 났다.[6]

강의와 별개로 노트와 펜 등 다양한 관련 제품들도 판매했으니 수익은 이보다 훨씬 많을 것이다.

이 강의의 성공을 보고 또 한번 깨달았다. 사람들은 의식적으로든, 무의식적으로든 무언가를 원한다. 그렇기 때문에 사람들이 원하는 것을 상상하게 해주는 상품을 판매하면 그 세일즈는 성공한다. 기분 좋은 모닝콜로 하루가 바뀌는 상상을 하듯, 스쾃 100번으로 건강하고 멋진 몸이 되는 것을 상상하듯, 내가 예쁘게 적은 학생 카드를 본 선생님이 우리 아이를 한 번 더 기억하는 모습을 상상하듯 말이다. 내가 미꽃체 강의를 듣고 상상처럼 예쁜 글씨체로 학생 카드를 제출했느냐고 묻는다면, 사실 강의를 몇 강 듣지도 못했다. 하지만 여유가 생기면 다시 제대로 듣고 싶은 강의 중 하나다.

지금까지 각기 다른 배경에서 출발한 세 사례가 어떻게 일상의 소소한 아이디어를 수익화한 비즈니스로 발전했는지 이야기했다. 모닝콜 서비스, 스쾃 챌린지, 손글씨 강의 모두 단순한 개인의 필요와 도전 정신에서 시작해 수익 창출로까지 이어졌다. 이 책을 읽는 여러분도 자신의 취미나 일상에서 비즈니스 아이디어를 찾고 실제로 시험해 보길 바란다. 최고의 아이디어를 찾기 위해 시간을 더 이상 쓰지 말고 지금 당장 시작할 수 있는 아이디어를 찾아보자. 일상의 작은 변화와 시도가 큰 기회가 될 수 있다.

막막한 아이디어를 정리하는
'리스트 100'의 마법

예전에 다니던 회사에서는 모든 직원에게 회사의 'Mission'(미션),
'Vision'(비전), 'Value'(가치)를 적은 명함 크기의 카드를 항상 지니고 다
니라고 했다. 당시에는 이 지시가 단순히 형식적이고 업무와 별 상관없
는 일처럼 느껴졌다. 하지만 몇 년 후 직접 비즈니스를 시작하면서 그
일이 얼마나 중요한 의미를 담고 있었는지 깨달았다. 미션, 비전, 가치
는 단순한 문구를 넘어 사업이 나아갈 방향을 잃지 않고 중심을 잡아 주
는 나침반과도 같다는 사실을 알게 된 것이다.

비즈니스를 시작하면 방향성을 잃고 흔들리기 쉽다. 특히 혼자서 모
든 것을 결정하는 1인 기업의 경우는 더욱 그렇다. 이럴 때 미션과 비전
은 내가 무엇을 위해 이 일을 시작했는지를 상기시켜 주고 어려운 순간

에도 계속 나아가게 해주는 강력한 원동력이 된다. 그렇기 때문에 미션과 비전, 가치는 반드시 깊이 고민해 봐야 할 비즈니스 주제다.

비즈니스를 시작할 때 흔히 가장 먼저 떠오르는 질문은 '무엇을 팔까?'일 것이다. 하지만 더 근본적으로 중요한 질문은 바로 '나는 왜 이 일을 하고 싶을까?'다. 비즈니스의 성공은 단순히 제품이나 서비스를 판매하는 데 있지 않다. 그 중심에는 명확한 방향성이 필요하다. 이럴 때 미션, 비전, 가치는 비즈니스가 나아갈 방향을 제시하는 도구로, 다음과 같은 역할을 한다.

- **미션**: 비즈니스의 존재 이유를 정의한다.
- **비전**: 장기적인 목표와 꿈꾸는 미래를 설정한다.
- **가치**: 비즈니스를 운영하며 지켜야 할 원칙과 기준을 세운다.

"뭘 팔지?"보다 "왜 팔지?"가 먼저다!

미션·비전·가치 선언문 작성하기

비즈니스를 시작하기 전에 먼저 다음 질문을 자기 자신에게 해보자.

- 나는 누구를 돕고 싶은가(내 비즈니스의 대상이 되는 고객은 누구인가)?

예: 워킹맘, 초보 창업가, 청소년 등

• 나는 어떤 문제를 해결하고 싶은가(고객이 겪는 가장 큰 문제는 무엇
  인가)?

  예: 시간 부족, 정보 부족, 기술적 어려움 등

• 내가 제공할 가치는 무엇인가(내 제품이나 서비스가 고객에게 어떤 가
  치를 줄 수 있는가)?

  예: 시간 절약, 효율적인 학습 방법, 비용 절감 등

위 질문에 답을 정리한 후 다음 표 안에 미션, 비전, 가치를 한 문장으
로 정리해 보자. 괄호 안에 적혀 있는 내용을 문맥에 맞게 넣으면 문장
이 완성된다.

▶ **미션·비전·가치 선언문 작성하기**

미션	나는 (누구를 돕고 싶은지)에게 (어떤 가치를 제공할지)를 통해 (어떤 변화를 만들지)를 목표로 한다. 예: 나는 워킹맘들에게 간단한 요리법을 제공해 그들의 일상에 여유를 선물하고 싶다.
비전	나는 (어떤 미래를 만들고 싶은지)를 목표로 한다. 예: 모든 워킹맘이 가족과 더 많은 시간을 보낼 수 있는 세상을 만든다.
가치	나는 (어떤 원칙과 철학)으로 비즈니스를 운영한다. 예: 정직, 효율성, 고객 중심

삼성

- **미션:** 인재와 기술을 바탕으로 최고의 제품과 서비스를 창출해 인류와 사회에 공헌한다.
- **비전:** 사람과 사회를 생각하는 글로벌 일류 기업을 추구하며 경영 이념, 핵심 가치, 경영 원칙의 가치 체계를 경영의 나침반으로 삼고 있다.
- **가치:** 인재제일, 최고지향, 변화선도, 정도경영, 상생추구

애플

- **미션:** 혁신적인 하드웨어, 소프트웨어 및 서비스를 통해 고객에게 최고의 사용자 경험을 제공한다.
- **비전:** 지구상에서 최고의 제품을 만들고 우리가 발견한 것보다 더 나은 세상을 남긴다.
- **가치:** 접근성, 교육, 환경, 포용과 다양성, 개인정보 보호, 공급망 책임

위는 우리가 잘 아는 삼성과 애플의 미션, 비전, 가치다. 비슷한 상품을 판매하는 두 기업이 추구하는 방향성과 철학이 상당히 다르다는 것을 잘 보여 준다.

아이디어 무중력 상태에서 벗어나는 법, 리스트 100

미션과 비전을 정리하면서 자신의 비즈니스가 추구하는 방향을 어느 정도 잡았다면 이제는 이것을 더 구체화할 차례다. 팔리는 상품을 기획

하는 건 쉽지 않다. 막연하게 떠오르는 많은 생각을 정리하고 다듬을 수 있게 해주는 방법이 '리스트 100'이다. 리스트 100은 말 그대로 100개의 아이디어를 리스트로 작성해 아이디어를 뽑아 내는 방법이다. 100의 리스트를 만들고 구체화하는 방법은 다음과 같다.

1단계: 아이디어 브레인스토밍

먼저 종이와 펜을 준비하거나 컴퓨터를 켜서 메모를 준비한다. 생각 나는 비즈니스 주제들을 두서없이 적는다. 목표는 100개를 채우는 것이다. 아마도 20개의 리스트를 적는 것도 힘들 것이다. 나는 수강생들에게 일주일 동안 이 100개의 리스트를 적어 오라는 과제를 주는데, 평소에 아이디어가 많다고 생각하던 사람들도 50개를 적기가 힘들다고 한다.

그런데 리스트 100의 힘은 이때부터 발휘된다. 더는 떠오르는 게 없는 시점에서부터 내 안의 틀이 깨지기 시작한다. 더욱 깊은 생각을 하게 되고, 할 수 있는지에 대한 여부나 나도 모르게 분류해 둔 중요도가 사라진다. 리스트를 채우기 위해 고민하다 보면 종종 엉뚱하지만 기발한 아이디어가 나오기도 한다. 그리고 주제들이 다양하게 세분화된다. 많은 사람이 이 리스트 100을 적으면서 자신과 인생에 대해 더 생각해 보는 시간이 되었다고 이야기하는 이유다.

한 수강생은 '글쓰기'를 주제로 리스트 100을 적기 시작했다. 처음에는 단순히 '글쓰기 강의', '카피라이팅' 같은 일반적인 아이디어만 적었

▶ '글쓰기'를 주제로 한 아이디어 브레인스토밍

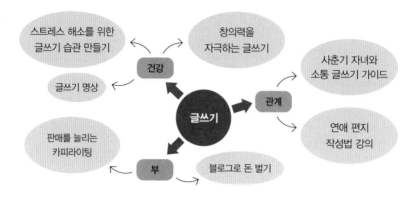

다. 하지만 30개를 넘어가면서부터는 '나만의 이야기로 이모티콘 만들기', '하루 5분 감정 일기 쓰기', 'SNS 글쓰기 도우미 서비스' 같은 독창적인 아이디어가 나오기 시작했다.

2단계: '3대 핵심 시장'에 접목하기

세계적인 마케팅 전문가 러셀 브런슨Russel Brunson은《브랜드 설계자》에서 모든 제품과 서비스가 건강Health, 부Wealth, 관계Relationship라는 세 가지 시장 안에서 판매된다고 했다. 이에 따르면 비즈니스 방향을 잡을 때 '내 잠재고객들이 내 제품이나 서비스를 사려고 할 때 채우길 바라는 욕망은 건강, 부, 관계, 이 세 가지 중 어떤 것일까?'라는 고민을 먼저 해야 한다. 앞서 리스트 100에서 나온 아이디어를 3대 핵심 시장에 접목해 구체화해 보자.

3단계: 틈새시장 만들기

2단계에서 생각한 하위 시장 내에 나만의 틈새시장을 만들어 보자. 다음을 참고해 아이디어를 구체화하고 시장조사를 해보자.

대상의 구체화

- **명확한 타깃 설정:** 제품이나 서비스를 사용할 구체적인 타깃 고객을 정의한다. 예를 들어 '성인 영어' 대신 '영어 면접을 앞둔 취업준비생' 또는 '해외여행을 계획 중인 시니어'처럼 구체적으로 설정한다.
- **타깃의 문제와 욕구 파악:** 타깃 고객이 어떤 문제를 겪고 있는지, 무엇을 원하는지 구체적으로 조사한다. 설문 조사나 인터뷰 등을 통해 타깃 고객의 니즈를 명확히 파악하자.

방법의 구체화

- **제공 방식 선택:** 제품이나 서비스를 어떤 방식으로 제공할지 결정한다. 예를 들어 온라인 강의, 챌린지 프로그램, 구독 서비스, 시스템 개발, 특별한 상품 등 다양한 방식을 생각해 볼 수 있다.
- **차별화 포인트 설정:** 기존 시장에 없는 차별화된 요소를 추가한다. 예를 들어 'AI를 활용한 24시간 고객 상담', '직접 방문 설치 서비스' 등으로 차별화한다.

리스트 100은 단순히 아이디어를 나열하는 작업이 아니라 자신의 강점을 발견하고 고객의 필요를 파악하며 실행 가능한 비즈니스 전략을 구체화하는 과정이다. 지금 바로 펜을 들어 100개의 아이디어를 적어 보자. 처음엔 어려워도 꾸준히 채워 가다 보면 여러분의 비즈니스를 성공으로 이끌 특별한 아이디어가 떠오를 것이다.

주제와 대상을 정하는
'리스트 100' 워크시트

▶ 리스트 100 작성하기

No.	아이디어	핵심 시장 접목
1	감사 일기 쓰기 챌린지	건강
2	자녀와 유대 강화 글쓰기	관계
3	판매를 늘리는 카피라이팅 강의	부
4		
5		
6		
7		
8		
9		

▶ 미션·비전·가치 선언문 작성하기

No.	나는 누구를 돕고 싶은가?
1	예: 워킹맘, 초보 창업가, 청소년
2	
3	
4	

나는 (　　　)에게 (　　　)를 통해 (　　　)를 목표로 한다.

No.	나는 어떤 문제를 해결하고 싶은가?
1	예: 시간 부족, 정보 부족, 기술적 어려움 등
2	
3	
4	

나는 (　　　　　　　　　　)를 목표로 한다.

No.	내가 제공할 가치는 무엇인가?
1	예: 시간 절약, 효율적인 학습 방법, 비용 절감 등
2	
3	
4	

나는 (　　　　　　　　　　)으로 비즈니스를 운영한다.

외딴섬에서 소리쳐 봤자
고객은 못 듣는다

아직도 하는지는 모르겠지만 내가 고등학교에 다닐 때는 매년 축제를 열었다. 대학 축제처럼 주점을 열거나 유명한 아이돌들이 오는 큰 행사는 아니었지만 여자고등학교에서 유일하게 남학생들이 교내에 들어올 수 있는 날이었고 학업에 지친 고등학생들이 걱정 없이 즐길 수 있는 몇 안 되는 학교 행사 중 하나였다.

나는 슬라이드 영상 동아리 활동을 했는데, 지금처럼 휴대폰으로 고해상도의 영상을 찍고 다양한 편집프로그램이 많던 시절이 아니었기 때문에 영상반이라기보다는 사진반에 가까웠다. 사실 요즘 유튜브나 틱톡에 올라오는 영상들과 비교하면 짜임이나 흥미는 많이 떨어진다. 하지만 아이디어 회의를 하고 대본을 쓰고 촬영하여 녹음하고 음악을 입히는 단계들은 생각보다 복잡했고 준비할 게 많았다. 일생에 단 두 번 있는 고등학교 축제는 이렇게 힘들게 준비한 작품을 보여 줄 수 있는 아주 큰 행사였다(고3은 축제에 참여하지 않았다).

영상을 상영하려면 빛이 거의 들지 않는 장소에서 진행할 수밖에 없었기 때문에 우리 동아리는 축제 때마다 '생활관'이라는 약간은 외진 곳을 배정받았다. 대부분의 행사가 강당과 운동장 쪽에서 진행되는 것을 생각하면 축제에 온 사람들을 이곳 상영관까지 데리고 오는 것은 쉽지 않은 일이었다.

상영장 안의 의자 세팅이나 실내 데커레이션을 하는 게 문제가 아니었다. 입구와 상영장을 아무리 멋지게 꾸며 놓더라도 사람들에게 여기서 우리가 무엇을 하고 있는지 알리지 못하면 실패였다. 방송반이나 걸스카우트처럼 큰 동아리가 아니다 보니 학교의 지원도 거의 없었다. 마냥 앉아서 사람들을 기다릴 순 없었다. 학교 정문 및 강당 벽 여러 기둥에 포스터를 붙여 찾아오게끔 하는 것으로도 부족해, 고객을 직접 찾아서 데리고 오는 전략이 필요했다.

우리는 축제 시작 몇 주 전부터 다른 학교 친구들에게 축제 때 꼭 영상을 보러 오라고 메시지를 보냈다. 축제 전날에는 학교 앞 버스정류장에서부터 상영장까지 끈과 홍보 문구를 적은 메모지를 이어 붙여 사람들이 쉽게 찾아올 수 있도록 해두었다. 그리고 당일에는 돌아다니면서 간단한 간식과 풍선, 팸플릿을 나눠 주며 사람들을 적극적으로 모았다.

그 후 시간이 흘러 나는 강사가 되었고 앞서 말했듯이 첫 온라인 강의를 론칭하는 데 6개월이 넘는 시간이 걸렸다. 대부분 시간은 강의 커리큘럼을 준비하는 데 썼고 어느 정도 준비가 되었다고 생각된 시점부터 마케팅 고민을 시작했다. 이런 걸 옆에서 알려 주는 사람이 없었기에 내 생각에 필요하다고 여겨지는 것들을 하나씩 준비하는 수준이었다. 그렇게 첫 번째 론칭 때 했던 생각과 행동을 정리해 보면 이렇다.

- 론칭할 강의를 준비한다.
- 강의를 설명하고 수강할 수 있는 웹사이트가 필요함을 느끼고 프로그래머에게 사이트 제작을 의뢰한다.
- 결제 서비스 연결을 위해 사업자 등록을 한다.
- 온라인 비즈니스에는 SNS 활동이 필수라는 이야기를 듣고 SNS 팔로워를 늘리기 위해 무작정 1일 1포스팅을 한다.
- 지속적으로 SNS를 운영하는 것이 어렵고 소통을 위한 활동을 하는 데 많은 시간이 들어가는 것을 느낀다.
- 어느 정도 팔로워가 늘어난 데 만족하고 강의를 론칭한다.
- 응원 글은 올라오지만 강의 판매는 이뤄지지 않는다.
- 아무래도 광고가 필요할 것 같아서 급하게 메타와 카카오톡에 강의 광고를 시작한다.
- 여전히 구매자는 없다.

- SNS 마케팅 대행을 의뢰하는 등 조금 더 투자를 시도한다.
- 여전히 반응이 없음을 확인하고 포기한다.

　　나중에 알게 되었지만 많은 창업자가 나와 비슷하게 생각하고 시작했다가 실패하고 포기한다. '할 수 있는 것은 다 했고, 투자 금액도 많이 들어갔는데 왜 사람들이 안 오지?' 그러면서 상품이 문제였거나 아이디어가 문제였거나, 그도 아니면 원래 안 되는 사업이었다고 생각한다.

　　온라인에서 비즈니스는 시간과 공간의 제약이 없다는 장점이 있다. 하지만 실제로 보이는 매장이 없기 때문에 제대로 준비하지 않으면 망망대해 외딴섬에 매장을 차리는 것과 같다. 따라서 내 상품을 정말 멋지게 만드는 동시에 지금 그 물건이 판매 중이라는 걸 고객들에게 알려야 한다. 나의 상품들이 여기에 있다는 것을 정말 열심히 다방면으로 알리지 않으면 절대 사람들은 발견할 수 없다. 외딴섬에서는 지금 판매 1위인 상품보다 내 상품이 훨씬 좋은 것이라고 아무리 크게 외쳐도 아무도 듣지 못한다는 걸 명심하자.

고객을 기다리지 말고 직접 찾아가라

　　첫 강의 론칭에 실패한 후 그간의 내 생각과 행동을 돌아보니, 나는 비즈니스를 하겠다고 하면서 고등학생 때 동아리 행사장으로 사람들을 모을 때보다도 덜 적극적이었음을 알았다. 구석진 곳에 행사장만 화려하게 꾸며 놓고 '포스터도 붙였고 팸플릿도 돌렸는데 왜 안 오지?'라며 막연히 기다리고 있었던 것이다. 고등학교 축제가 성공했던 건 단순히 상영장을 꾸미는 데 그치지 않고 적극적으로 관객을 찾아 데려오는 데 있었다.

'혹시 내가 유명하지 않아서 찾아오지 않는 걸까?'라며 더 유명해지면 시작하겠다는 생각은 버려라. 우리의 목표는 그저 6주 안에 수익을 내는 것뿐이다. 삼성이나 애플처럼 이미 유명해서 고객들이 신제품 소식을 먼저 찾아보지 않는다면 먼저 그들을 적극적으로 찾아가자. 사실 그런 유명한 기업들도 잠재고객을 찾아가기 위해 철저한 마케팅을 한다. 그런데 이제 시작하는, 아직 아는 사람들도 별로 없는 브랜드가 '이 정도면 충분하겠지?'라고 생각하는 것부터가 잘못되었다.

그러면 레벨 0인 왕초보가 사람들을 찾을 수 있는 대표적인 방법 네 가지를 소개한다. 이 방법들은 효과를 바로 낼 수 있는 대표적인 방법들이지만 비즈니스 주제나 대상에 따라 활용 방법이 달라진다. 아래의 방법들을 활용해 여러분의 잠재고객에게 어떻게 찾아갈 수 있을지 고민해 보자.

가장 가까운 사람부터 시작하라

가장 쉬운 방법은 친구나 지인들에게 알리는 것이다. 나와 동아리 팀

원들이 행사장으로 사람들을 모으려 했을 때 가장 먼저 한 것은 축제가 시작되기 전 다른 학교 친구들에게 일일이 연락한 것이다. 그들은 나를 가장 잘 알고 자주 만나는 사람들이기 때문에 내가 하는 일을 믿고 가장 먼저 반응해 줄 가능성이 크다. 갑자기 살을 뺀 회사 동료에게 다이어트 방법을 물어보거나 동네 선배 엄마에게 신생아 육아법을 물어보고 상담한 경우들이 다들 있을 것이다.

많은 비즈니스가 자기 자신과 주변 사람들의 필요를 느끼는 데서 시작한다. 실제로 한 수강생은 자녀가 미국의 유명 대학에 합격한 일이 지인들 사이에서 소문이 난 게 비즈니스의 시작이었다. 주변 사람들에게 교육법 등 답변을 해주다가 입소문이 나서 유료 강연으로 이어진 것이다.

- **실행 플랜:** 주변 사람 다섯 명에게 나의 비즈니스를 소개하고 피드백을 받아 보자. 잠재고객을 더 이해하는 계기가 될 수 있고 그들에게서 솔직한 피드백을 받을 수 있을 것이다. 그들의 반응을 토대로 개선할 점을 찾고 반영하자.

적은 광고 비용으로 효과를 극대화하라

짧은 시간에 잠재고객을 모을 수 있는 효과적인 방법이다. 예전에는 TV나 신문 등을 통해 큰 비용을 들여서 진행했지만 온라인 플랫폼들이 활성화되면서 이제는 적은 비용으로도 큰 효과를 가져올 수 있다.

'2023 상반기 모바일 앱 순위 리포트'를 보면 우리나라에서 메타 사용자가 2,500만 명이 넘는 것을 확인할 수 있다. 메타에서는 하루 5,000원으로도 광고할 수 있고 잠재고객 범위를 특정해 맞춤화할 수도 있어서 아주 효과가 좋다. 게다가 세팅도 어렵지 않으니 초보자도 바로 시작할 수 있다. 실제로 '6주 챌린지'에 참여한 초보자 대부분이 메타에 광고를 세팅하고 2~3일 내에 첫 잠재고객 유입에 성공했다.

- **실행 플랜:** 메타 광고 계정을 생성하고 하루 5,000원의 예산으로 테스트 광고를 시작하자. 광고를 세팅하는 방법은 레벨 1 '광고 버튼 누르기 전에 꼭 알아야 할 세팅 기본기'에 설명해 두었으니 참고하라. 이 방법을 따르면 자신의 비즈니스에 맞는 사람들을 타깃팅한 광고를 세팅할 수 있을 것이다.

이미 고객들이 모여 있는 곳을 공략하라

지식창업을 하는 경우라면 크몽이나 탈잉Taling, 인프런Inflearn, 유데미Udemy 같은 플랫폼에서 강의나 컨설팅, 전자책 등을 바로 판매할 수 있다. 내 사이트를 만들거나 결제 시스템을 준비하지 않아도 간단한 인증 후 바로 판매할 수 있다. 또한 지역에서 운영 중인 도서관이나 문화센터, 평생교육관 같은 다양한 단체에서도 항상 강사를 모집하고 있다. 이런 플랫폼들을 활용하면 이미 이용하는 이용자 수도 많고 플랫폼 자체적으로 홍보도 하기 때문에 수요 조사를 해볼 수도 있다.

보스랩의 프로젝트 과정 수강생 중 한 명은 큐리어스Curious라는 플랫폼에 시험 삼아 초보자를 위한 강의를 업로드하고 일주일 만에 첫 강의 신청이 들어왔다. 참고로 큐리어스는 40대와 50대를 겨냥한 교육 플랫폼이다. 강의 커리큘럼을 짜고 등록까지 하는 데 하루가 채 걸리지 않았고, 다른 일을 하며 잊고 있는 와중에 들어온 첫 강의 수익이었다. 또한 수강생들이 남긴 좋은 후기가 마중물이 되어, 처음에는 2만 원 내외로 진행하던 강의 금액을 점차 올렸음에도 꾸준히 신청자가 늘고 있다.

- **실행 플랜:** 내 상품에 관심 있는 사람들이 모여 있는 플랫폼 한곳에 가입하고 첫 상품을 등록하자. 유형의 상품이라면 스마트스토어, 아직 상품이 준비되지 않았다면 체험단이나 무료 강의를 SNS에 올려 보는 것도 좋다.

이미 신뢰를 얻은 사람과 함께하라

내가 직접 SNS를 운영하는 게 좋지만 고객들을 모으고 팬층을 만드는 데는 적지 않은 시간이 걸린다. 이럴 때는 인플루언서와 협력하거나 커뮤니티와 파트너십을 맺는 것이 효과적이다. 비건 간식을 판매하는 경우 비건 라이프스타일을 지지하는 인플루언서와 협력해 제품을 리뷰하거나 홍보해 보자. 육아 관련 강의나 제품들을 판매한다면 맘카페에 가서 카페지기에게 협업을 의뢰해 볼 수 있다. 대부분 커뮤니티에서는 파트너십이나 협업 신청을 받고 있다. 이미 해당 분야에 관심이 있는 사람들이 모여 있는 곳이기 때문에 일반 광고를 하는 것보다 더 큰 효과를 낼 수 있다.

내 지인의 경우 가족 농장에서 키우는 방울토마토를 블로그와 인스타그램을 운영하면서 스마트스토어에서 판매하고 있었다. 나도 먹어 봤는데 시중 마트에서 구입한 토마토들과 비교할 수 없이 높은 품질이었다. 유통과정을 거치지 않기 때문에 나무에서 끝까지 익혀 바로 보내서 그런지 알도 굵고 싱싱했고, 농약을 전혀 사용하지 않아 아이들이 먹기에 안전했다.

하지만 이런 점을 오랜 기간 꾸준히 SNS에 올려 홍보를 했음에도 큰 반응을 일으키지 못했다. 고민 끝에 그 지인은 육아나 요리 분야 인플루언서들에게 직접 DM을 보내 공동구매 제안을 했고 지금은 이전보다 높은 가격에 판매를 많이 하고 있다. 또한 그동안 입점을 거절당했던 유명한 플리마켓에서 판매할 기회도 얻을 수 있었다.

- **실행 플랜:** 내 비즈니스와 관련 있는 인플루언서나 커뮤니티 대표 세 명에게 협업을 제안해 보자. 그들이 관심을 가질 만한 샘플이나 자료를 함께 제공하는 게 도움이 된다.

가게를 열어 두고 마냥 고객이 알아서 찾아오길 기다리지 마라. 고객을 찾기 위해 다양한 시도를 하는 과정 자체가 비즈니스 성공을 위한 발판이 된다. 고객을 찾기 위해 시도하는 모든 과정은 내 비즈니스 아이디어를 검증하는 실험이다. 설령 수익이 나지 않더라도 그 과정에서 많은 걸 얻을 수 있다.

위 네 가지 방법을 통해 적극적으로 고객을 찾아보자. 고객을 기다리지 않고 찾아가는 그 과정이 곧 성공임을 기억하라.

고객 찾기 전략
체크리스트

▶ **고객 찾기 전략 체크리스트**

No.	질문	작성 공간
1	내 비즈니스는 무엇인가?	(예: 온라인 강의, 전자책, 컨설팅 등)
2	내가 돕고 싶은 고객은 누구인가?	(예: 워킹맘, 40대 직장인, 창업 초보자)
3	그들은 어디에 있는가?	(예: 특정 플랫폼, 지역 커뮤니티, SNS 등)
4	그들의 주요 문제는 무엇인가?	(예: 시간 부족, 정보 부족, 높은 가격)
5	그들이 원하는 해결책은 무엇인가?	(예: 간단한 방법, 저렴한 가격, 전문가의 조언)
6	내가 제공할 수 있는 가치는 무엇인가?	(예: 시간 절약, 경제적 효율성, 높은 품질)
7	그들이 나의 비즈니스를 선택해야 하는 이유는 무엇인가?	(예: 경쟁사 대비 나의 차별화된 장점)
8	현재 고객을 찾는 데 가장 큰 어려움은 무엇인가?	(예: 홍보 부족, 적절한 타깃 설정 어려움)

No.	질문	작성 공간
9	내가 고객에게 전달하고 싶은 메시지는 무엇인가?	(예: '이 강의로 6주 안에 첫 수익을 창출할 수 있습니다')
10	고객이 나를 발견할 수 있는 채널은 무엇인가?	(예: 메타 광고, 플랫폼, 블로그, 유튜브)
11	고객이 나를 신뢰할 수 있도록 하는 방법은 무엇인가?	(예: 후기 제공, 무료 체험, 전문성 증명 콘텐츠)

▶ 네 가지 고객 접근 방법 체크리스트

단계	설명	체크
지인		
지인 다섯 명 선정	비즈니스와 관련해 관심이 있을 만한 친구, 가족, 동료 선정하기	
소개 메시지 작성	'나는 (이런 제품/서비스)를 준비 중입니다. 당신의 의견이 도움이 될 것 같아요.'	
소개 후 피드백 요청	제품/서비스에 대해 진솔한 의견과 개선점 받기	
피드백 반영 및 개선	지인의 의견을 반영해 콘텐츠나 상품 보완하기	
지인을 통한 추천 요청	'좋아할 만한 사람이 있다면 추천 부탁드려요'라고 직접적으로 요청하기	
광고		
광고 계정 생성	메타(페이스북, 인스타그램) 광고 계정을 생성하고 비즈니스 정보를 입력하기	
광고 콘텐츠 제작	고객의 관심을 끌 수 있는 광고 콘텐츠 제작(간단한 이미지 또는 동영상)	

단계	설명	체크
첫 번째 광고 캠페인 설정	캠페인 목적을 설정 (예: 잠재고객 유입, 상품 클릭 유도)	
타깃 설정	고객 나이, 지역, 관심사 등을 구체적으로 정의	
테스트 광고 집행	하루 5,000원의 예산으로 최소 3일 동안 테스트 광고 집행	
플랫폼 활용		
적합한 플랫폼 조사	내 비즈니스에 적합한 플랫폼을 조사 및 선택	
계정 생성 및 인증	플랫폼 계정을 만들고 필요한 인증 절차(신분증, 사업자등록증 등) 완료하기	
상품/서비스 등록	간단한 상품 설명과 함께 첫 상품 등록	
가격 설정	시장 평균 가격과 내 경쟁력을 고려하여 적정한 가격을 설정	
고객 반응 확인	초기 고객의 구매 및 리뷰를 확인하고 필요하면 상품 설명이나 가격을 조정	
파트너십 및 협업		
협업 대상 조사	내 비즈니스와 관련된 인플루언서, 커뮤니티 관리자, 플랫폼 조사	
협업 제안 메시지 작성	'안녕하세요, 저는 (제품/서비스)를 판매 중인 (이름)입니다. 공동구매/리뷰/홍보를 제안드리고 싶습니다.'	
협업 혜택 조율	협업 대상이 협업을 통해 얻을 수 있는 혜택 조율(제품/서비스를 체험해 볼 수 있는 샘플 등)	
협업 진행	협업 대상과의 논의를 통해 리뷰, 공동구매, 홍보 캠페인을 진행	
성과 분석 및 후속 협업 제안	협업 효과를 분석하고 더 나은 제안을 바탕으로 새로운 협업 준비	

주부에서 강사로,
첫 판매의 기적

'저 다음 주부터 18분께 강의를 하게 되었어요! 6주 챌린지 수업을 들으며 한 주, 한 주 가이드해 주시는 대로 숙제하고 고민하며 계획했더니 이런 결과가 나왔어요. 참고로 저는 아이 셋 키우는 육아맘입니다. 뭔가 특별한 능력이 있는 건 아니지만 제가 할 수 있는 것을 생각해 봤어요. 그리고 가정주부도 할 수 있다고 하신 말 때문에 시작했고요. 그렇게 일단 시작하니 정말 되네요.'

한가로운 평일 오전, 단톡방에 새로운 글과 인증샷이 올라왔다. '6주만에 지식창업으로 수익 내기 챌린지' 참가자 한 분이 너무 신나고 놀랍다며 올린 메시지였다. 6주 과정 중 불과 3주 강의를 마친 시점이었다.

경단녀? 아니요, '육아 전문가'라는 이름의 1인 창업가

챌린지 첫날, 그녀의 모습을 기억한다. 원래 전문직에 종사하시던 분이었는데 아이들과의 시간이 소중해서 양육에 집중하다 보니 경력단절이 되었다고 했다. 아이들이 어느 정도 커서 경제활동을 다시 하려고 했지만 시작부터 막막했다. 셋째가 아직 초등학교 입학 전이라 일반 회사에 다니기는 힘든 상황이었다. 현재 상황을 바꾸기 위해 아로마 관련 교육을 받고 자격증도 땄지만 아직 활용하지 못하고 있었다.

그녀의 이야기는 경력단절 여성들에게서 흔히 들을 수 있는 고민이었다. 많은 여성이 본인이 가진 능력과 꾸준한 자기계발에도 불구하고 자신의 강점과 가치를 제대로 알아보지 못해 길을 잃고 좌절한다. 하지만 짧은 대화 끝에 나는 그녀의 숨겨진 능력을 발견했다.

그녀는 세 자녀를 모두 '엄마표'로 교육한 진정한 육아 전문가였다. 영어, 수학, 독서, 심지어 코딩까지 아이들을 직접 가르친 그녀의 경험은 대단한 경쟁력이었다. 그녀가 가진 강점을 비즈니스 기회로 연결하기 위해 나는 다음과 같이 명확한 아이디어를 제안했다.

"엄마표 영어 강의로 시작해 보는 건 어떨까요?"

우리는 그녀의 정체성을 새롭게 정의했다. 우선 육아로 인한 경력단절 여성으로 되어 있던 그녀의 포지션을 다수의 육아 경력을 지닌 '엄마표 학습 전문가'로 변경했다. 이제 그녀는 육아로 오랜 시간 경력이 단절

▶ 강점을 비즈니스 기회로 연결하는 포지션 변경

40대 여성(자녀 세 명)
육아로 인한 경력단절
아로마 관련 자격증 소지
9–6 풀타임 근무 어려움
(미취학 자녀 돌봄)

3주 만의
포지션 변화

다수의 육아 경력
엄마표 학습 전문가
아로마 자격증 소지
최소한의 라이브
활동으로 비즈니스 운영

되고 아로마 관련 자격증을 가지고 있지만 활용할 줄 모르는 여성이 아니었다. 세 명의 자녀를 직접 육아하면서 교육한 육아 전문가로, 아로마 관련 자격증까지 가지고 있는 자기계발에도 열심인 여성이었다.

상품화 아이디어
- **대상:** 미취학 아동부터 초등학교 저학년 자녀를 둔 엄마들
- **상품:** 4주 코칭 과정
- **방법:** 매주 자녀와 읽을 책 추천, 각종 독후 활동 자료 제공, 전용 톡방을 통한 소통

이 과정은 매주 참가자들에게 읽을 책 리스트와 관련 자료를 제공하고 톡방에서 필요한 정보를 공유하며 소통하는 방식이었다. 실시간으로 이뤄지는 라이브 강의가 아니었기에 시간을 자유롭게 관리할 수 있었

고, 그녀가 이미 경험하고 잘하는 일을 시작했기 때문에 자료 준비도 어렵지 않았다.

첫 글을 올리면 인생이 달라진다

그녀에게도 첫 고객을 찾는 일은 쉽지 않은 도전이었다. 처음에는 인스타그램이나 블로그 같은 SNS를 고민했지만 관리의 어려움과 얼굴 노출에 대한 부담 때문에 다른 방법을 원했다. 6주라는 길지 않은 시간에 사람들을 모을 수 있는 곳이 어디일지 고민했다. 그렇게 해서 찾은 곳은 그녀가 거주하고 있는 아파트 단지 커뮤니티(네이버 밴드)였다. 그녀는 밴드에 용기를 내어 첫 글을 올렸다.

'안녕하세요. 아이들과 함께할 수 있는 '엄마표 영어' 코칭 프로그램을 준비 중인데 혹시 관심 있으신 분 계실까요?'

글을 올리자 예상보다 많은 관심이 쏟아졌고 곧바로 정식 모집 공고를 통해 18명의 유료 참가자를 모았다.

약 1년 후 온라인 강의에서 다시 만난 그녀는 '엄마표 영어'뿐만 아니라 다양한 강의를 진행하는 강사로 성장해 있었다. 강의를 들었던 엄마들의 요청으로 성인 대상 영어 강의를 시작했고 아로마 관련 자격증을 활용해 아로마 강의까지 확장했다. 첫 판매의 성공이 그녀에게 가져다

준 변화는 단순히 수익 이상의 의미가 있었다. 그녀는 자신감을 회복했고 다시 한번 자신의 잠재력을 확인하며 새로운 삶의 방향을 발견했다.

그녀와 같은 여성들을 만날 때마다 나는 예전의 나를 보는 것 같아 더욱 눈길이 간다. 선생님, 통역사, 은행원, 간호사 등 다양한 전문직에 종사했거나 오랜 경력을 가졌지만 육아와 경력단절로 방향을 잃고 고민하는 여성들 말이다. 그래서 나는 이들에게 다양한 가능성과 새로운 길을 제시하기 위해 '아이엠보스'라는 커뮤니티를 만들었다.

아이엠보스는 30~50대 여성이 삶의 주인이자 보스로 살아가길 바라는 마음에서 시작된 공간이다. 이곳에서는 지식창업을 포함해 시간과 경력단절의 벽을 넘어설 방법을 나누고 함께 성장할 기회를 제공한다. 혼자 시작하는 게 막막하다면 아이엠보스에서 함께 시작해 보자.

그녀가 성공할 수 있었던 이유는 완벽한 준비가 아니라 '일단 시작해 본 것'이었다. 작은 성공을 통해 새로운 꿈을 꾸게 된 그녀가 한 말이다.

"만약 첫 글을 올리지 않았다면 첫 고객 18명을 만나는 기적은 없었을 거예요."

지금 책을 읽고 있는 여러분도 바로 시작해 보자.

Level 1

"사세요!"보다
"모이세요!"가
먼저다

판매 전 고객 유입의 기술

어서 오세요,
고객이 오는 길에 레드카펫 깔기

인스타그램을 둘러보다가 우연히 눈 마사지기 광고를 봤다. 조금은 우스꽝스러운 고글 모양 제품이었는데 눈 주위를 마사지해 준다고 했다. 처음 광고를 봤을 때는 '무슨 눈 마사지기가 필요하겠어'라는 생각에 바로 넘겼다. 하지만 광고가 며칠째 반복해서 나왔고, 자주 보다 보니 '나는 컴퓨터 화면을 자주 보니까 필요할 것 같은데?'라는 생각에 광고를 클릭했다.

살펴보니 꽤 효과가 좋은 것 같았다. 최근에 눈이 좀 피로한 것 같았다는 생각도 들었다. 검색창에서 해당 제품의 후기들을 찾아보니 엄마, 할머니, 동생 등 온 가족이 함께 쓸 수 있어 좋다는 이야기가 눈길을 끌었다. '그래, 나만 쓰는 게 아니라 우리 가족 모두가 사용할 수 있잖아.

한번 사 볼까?' 그렇게 제품 상세페이지를 다시 살펴보다가 할인 이벤트를 발견하고 곧장 눈 마사지기를 구입했다.

세일즈 퍼널, 고객이 스스로 걸어오도록 준비하라

온라인에서 고객이 찾아오고 구매로 이어지는 과정은 단순한 운이 아니다. 고객들은 앞서 나의 사례와 같은 일련의 과정을 경험한다. 상품을 인지하고, 관심을 갖고, 결국은 구매하는 이 과정을 '세일즈 퍼널'sales funnel이라고 한다. 사람들이 상품을 인지하고 구매하도록 하려면 이 과정을 잘 이해하고 준비해야 한다. 시간과 노력을 들인 상품이 있는 외딴섬까지, 사람들이 헤매지 않고 올 수 있도록 여러분이 길을 만들어 두는 것이다.

나는 이 세일즈 퍼널을 '고객이 오는 길에 레드카펫을 깔아 주는 것'이라고 부른다. 멋진 레드카펫을 준비하면 고객은 그 위를 따라 자연스럽게 상품으로 올 수 있다. 그 과정에서 고객의 여정을 이해하고 적합한 전략을 세우는 것이 중요하다.

고객이 구매를 결정하기까지는 다음 네 단계를 거친다. 각 단계에서 적합한 전략을 준비하면 고객은 자연스럽게 이 레드카펫 위를 따라오게 된다.

▶ **고객이 오는 길을 만드는 세일즈 퍼널**

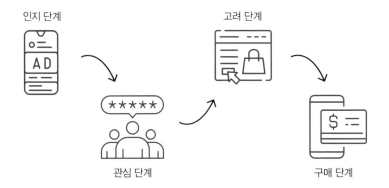

1. 인지 단계: 고객이 상품을 처음 만나는 순간

인지 단계는 고객이 상품의 존재를 처음 알게 되는 단계다. 앞서 내가 눈 마사지기 광고를 처음 본 것이 이 단계에 해당한다. 이 단계에서 가장 중요한 것은 고객이 여러분의 상품을 발견할 수 있도록 다양한 채널에 상품을 적극적으로 노출하는 것이다. 이 단계에서 사용할 수 있는 대표적인 전략은 다음과 같다.

- **광고 캠페인:** 시각적으로 눈에 띄는 이미지나 영상들을 활용해 다양한 플랫폼에 광고를 노출한다(예: 하루 5,000원의 예산으로 메타 광고를 실행해 '눈 피로 해소' 키워드를 타깃팅).
- **콘텐츠 마케팅:** 블로그, 유튜브, 인스타그램에 유용한 정보를 포함

한 콘텐츠를 올리고 상품을 자연스럽게 언급한다(예: '눈 건강을 위한 간단한 스트레칭' 영상 제작).

2. 관심 단계: 고객의 관심을 사로잡기

이 단계에서는 고객이 상품에 관심을 가지도록 유도해야 한다. 나 역시 눈 마사지기 광고를 자주 보며 '나도 필요할 것 같은데?'라는 생각이 들었다. 상품에 관심을 가진 고객이 광고를 클릭하거나 제품 상세페이지를 방문하게 된다.

- **리마케팅 캠페인**: 이미 광고를 본 사람들에게 다시 광고를 노출시켜 관심을 유지한다(예: 메타 광고에서 클릭했던 사람을 대상으로 유사한 메시지로 광고를 재노출).
- **상세페이지 준비**: 제품의 기능, 장점, 고객 후기 등을 명확하고 매력적으로 보여 주는 랜딩페이지를 준비한다.

3. 고려 단계: 고객의 의심을 해결하기

구매를 고려하는 고객은 다른 소비자 리뷰를 확인하거나 검색을 통해 추가 정보를 확인하며 신뢰를 쌓아 간다. 실제로 한국소비자원의 조사에 따르면 온라인 쇼핑 이용자의 87퍼센트가 구매 전에 다른 소비자 리뷰를 확인하며 83퍼센트가 이를 신뢰한다고 한다.[7]

- **검색엔진 최적화**Search Engine Optimization, SEO: 검색 결과 페이지 상위에 내 상품이 노출되도록 블로그와 상세페이지를 키워드로 최적화한다(예: '눈 마사지기 후기' 같은 고객이 검색할 가능성이 큰 키워드를 기반으로 콘텐츠를 작성).
- **리뷰 관리:** 구매 고객에게 리뷰를 요청하고 긍정적인 후기를 적극적으로 활용한다(예: 리뷰를 작성하면 할인 쿠폰 제공).

4. 구매 단계: 고객의 최종 선택 돕기

이제 구매를 위한 모든 준비가 끝나고 결제만이 남았다. 하지만 이 과정에서도 구매를 고민하게 만드는 장애물이 있을 수 있다. 실제로 장바구니에 상품을 담고도 결제를 포기하는 비율은 70~80퍼센트에 이른다고 한다.[8] 따라서 최종 결제에 이르도록 도와주는 장치를 마련해야 한다. 내가 눈 마사지기를 구매했던 이유는 할인 이벤트가 최종 결정을 도와주었기 때문이다.

- **프로모션:** 기간 한정 할인이나 무료 배송 이벤트를 통해 구매를 유도한다(예: 일주일 동안만 할인).
- **구매 편의성:** 결제 옵션을 다양화하고 빠른 배송 일정을 제공해 소비자 입장에서 결제 과정이 간편하게 느껴지도록 한다(예: '오늘 주문 시 내일 도착' 같은 메시지 제공).

고객이 제품을 알게 되고, 관심을 가지며, 구매에 이르는 과정은 복잡하고 어려운 여정이다. 때때로 판매자가 이 여정을 간과해 고객이 방향을 잃는 경우도 생긴다. 제품을 구매할 때 거치는 각 단계에 적합한 전략을 세우고 실행한다면 고객이 자연스럽게 여러분의 제품을 찾게 되고 결국에는 구매로 이어질 것이다.

세일즈 퍼널, 콘텐츠 마케팅, 리마케팅 등의 용어가 조금 어렵게 느껴질 수 있지만 앞으로 차근차근 설명할 예정이니 여기서는 일단 복잡하게 생각하지 말자. 이미 여러분도 경험해 본 과정이다. 우연히 본 광고에 이끌려 물건을 구매했던 경험을 떠올려 보자. 이제는 고객이 여러분의 상품을 구매할 수 있도록 이 여정을 설계해야 한다.

레드카펫은 고객이 원하는 결과로 가는 길에 깔아 주는 안내판과 같다. 고객이 자연스럽게 걸어올 수 있도록 준비하자. 여러분이 깔아 둔 그 길이 고객과의 첫 만남을 성사시킬 것이다.

레드카펫 전략의 세 가지 핵심

1. **고객이 모인 곳에 레드카펫을 깔아라**
   고객이 자주 사용하는 플랫폼이나 커뮤니티를 찾아 상품을 알린다.
2. **고객을 레드카펫 위로 올려라**
   광고나 콘텐츠로 고객의 관심을 끌어 상세페이지로 유도한다.
3. **레드카펫에서 고객을 떠나지 않게 하라**
   리뷰 관리, 프로모션, 편리한 결제 시스템 등으로 신뢰를 유지한다.

마음만 끌지 말고
지갑도 열게 하는 CAP의 비밀

앞서 레드카펫 전략에서는 고객이 최종 구매에 이르기까지의 여정을 다뤘다. 고객이 나의 상품을 발견하고, 관심을 갖고, 확신을 가진 뒤, 구매로 이어지는 여정을 잘 설계했다면 고객은 더 빠르고 자연스럽게 상품에 도착한다. 하지만 길을 잘 닦아 놓았다고 해서 고객이 끝까지 따라오는 것은 아니다. 고객은 내 레드카펫 위에서 언제든지 내려가 다른 곳으로 갈 수 있다. 끝까지 걸어와 상품을 구매하도록 하려면 구체적인 실행 전략이 필요하다. 바로 여기에서 CAP 공식이 빛을 발한다. CAP 공식을 적용하면 어떤 상품이든 고객에게 팔 수 있다. 그러면 먼저 CAP 공식에 대해 알아보도록 하자.

C(Capture): 고객 끌어모으기

CAP 공식의 첫 단계는 고객을 끌어모으는 것이다. 하지만 단순히 많은 사람을 모으는 게 목표가 되어선 안 된다. 내 상품이나 비즈니스에 관심이 없는 사람들로 채운 대규모 커뮤니티는 실질적인 구매로 이어지지 않는다. 중요한 것은 내 상품이나 비즈니스에 관심을 가질 가능성이 큰 잠재고객을 타깃팅하는 것이다.

한 예로, 오프라인 강연장에서 만난 C의 경우를 살펴보자. 그녀는 한눈에 봐도 '사람을 끌어모으는 힘'이 있는 사람이라는 생각이 들었다. 동글동글 귀여운 얼굴에 환하게 웃는 모습, 나이와 관계없이 두루두루 사람들과 어울리는 능력은 인상적이었다. 그녀는 당시 작게 공부방을 운영하고 있었지만 성인들을 대상으로 새로운 일을 하고 싶어 했다. 나의 조언은 간단했다.

"지금 당신이 가장 잘 이해하고 공감할 수 있는 사람들을 먼저 모아 보세요."

그녀는 책 읽기와 SNS 마케팅에 관심 있는 여성들을 타깃으로 삼고 단톡방을 개설하고 인스타그램에서 사람들을 모으기 시작했다. 그리고 단순히 '○○○ 책 함께 읽으실 분 모집합니다'라는 공지를 올리는 대신, 책의 저자를 초청해 '○○○ 작가님 무료 강의 들으실 분 모집합니다'라는 방식으로 접근했다. 흔치 않은 저자 직강이라는 말에 사람들이 모이기 시작했고 그녀의 커뮤니티는 빠르게 성장했다.

A(Amplify): 신뢰와 가치 전달

레드카펫 위에 고객을 모으는 데 성공했다면 이제 그들이 이 카펫 위를 떠나지 않도록 해야 한다. 이때는 그저 상품 정보를 제공하는 것으로는 부족하다. 고객이 단순한 관심에서 더 깊은 신뢰와 욕구를 느끼는 상태로 이동하도록 해야 한다. 여기서 중요한 것은 고객의 문제를 공감하고, 그 문제를 해결할 수 있다는 신뢰를 주는 것이다. 이때 고객의 상황 또는 상태에 따라 각각 다른 접근 방식을 취해야 한다. 고객은 다음과 같은 세 가지 상태로 나뉜다.

▶ 고객의 세 가지 상태

차가운 고객   따뜻한 고객   뜨거운 고객

1. 차가운 고객: 나와 내 상품에 대해 전혀 모른다

나와 내 상품에 대해 알지 못하는 이들에게는 이 브랜드가 믿을 만하다는 인상을 심어 주는 것이 중요하다. 강남역 같은 유동 인구가 많은 곳을 걷다 보면 화장품 샘플이나 무료 선물을 준다고 하는 곳이 많다. 그러나 이 차가운 고객들은 무료 상품을 준다고 해도 받으러 가지 않는다. '무료 상품을 받게 되면 물건을 구매하라고 하지 않을까?', '스팸 전화로 귀찮아지지 않을까?', '혹시 다른 의도가 있지는 않을까?' 이런 생각이 먼저 들기 때문에 경계심이 강하다. 따라서 사람들을 모은 후 바로 판매를 시작하면 안 된다.

앞서 사례에서 C는 무료 강의 홍보 글을 보고 모인 사람들에게 바로 판매하려고 하지 않았다. 강의실 안내 문자 외에는 다른 홍보 문자를 보내지도 않았다. 경계심 가득한 그들에게 그저 더 좋은 강의를 주겠다고 약속하고, 그 약속을 지키는 과정을 3개월 정도 지속했다. 항상 무료로 강의를 했고 오픈채팅방을 통해서 다양한 소통을 하며 추가적인 혜택을 주려고 노력했다.

2. 따뜻한 고객: 상품에 대해 어느 정도 관심을 가지고 있다

이들은 제품이나 브랜드에 대한 선호도가 어느 정도 생긴 사람들이다. '이 사람이라면(이 브랜드라면/이런 상품을 판매한다면) 구매해도 나쁘지 않겠다'라고 생각한다. 이처럼 차가운 고객이 따뜻해질 수 있도록 신뢰감을 지속해서 제공하는 것이 중요하다. 상품의 장점, 기존 제품들과의 차이점, 각종 수상 경력이나 후기 등을 통한 인증 내역 등을 전달해야 한다. 이렇게 가치를 전달하기 위해서는 이메일 마케팅, 문자 마케팅, 단톡방 마케팅, 커뮤니티 마케팅 등을 활용하면 좋다.

C는 수개월 동안 특별한 조건 없이 무료 강의를 진행하고 단톡방으로 소통을 했고, 단톡방 사람들은 점차 C를 신뢰하기 시작했다. 그녀의 강의를 적극적으로 홍보해 주기도 하고 지인을 초대하거나 SNS에 후기를 올리기도 했다. 그녀가 거의 일방적으로 글을 올리던 단톡방도 점차 여럿이 소통하는 공간이 되었다. 준비 중인 일들을 이야기하면 함께 응원해 주고 문제가 생기면 도와주기도 했다.

3. 뜨거운 고객: 나와 내 상품을 믿는 찐팬이다

그동안에 전달한 가치들로 이제는 내 상품과 브랜드를 믿는 찐팬이

된 사람들이다. 연예인들이 사용하는 화장품, 옷, 액세서리, 먹는 음식들, 가는 장소 등을 따라 하는 것처럼 이 찐팬들은 여러분의 브랜드에 관심이 많다. 심지어 이들은 먼저 상품화를 제안하기도 하고 제발 물건을 팔아 달라고 하기도 한다. 이들에게는 구매 결정을 도와줄 마지막 설득 요소만이 필요할 뿐이다.

C가 3개월 이상 무료 강의를 지속하자 사람들은 그녀에 대한 믿음이 강해졌고 과거 강의들을 궁금해하며 앞으로 계속 함께하고자 했다. 이들은 이전 강의를 다시 보고 싶다며 강의 영상 판매를 요청하기도 했다. 그녀의 무료 강의는 항상 선착순 마감될 정도로 인기였기 때문에 차라리 유료 강의를 열라는 의견도 나왔다.

P(Propose): 구매 제안하기

고객이 상품의 가치를 충분히 느끼고 신뢰를 형성했다면 이제 구매를 제안할 차례다. 이 단계에서는 상품을 단순히 판매할 게 아니라 고객이 진심으로 필요로 하는 걸 제공하는 데 초점을 맞춘다.

C는 무료 강의와 소통을 통해 신뢰를 쌓은 후 유료 멤버십 서비스를 제안했다. 유료 회원은 월 2~3만 원으로 모든 유료 강의를 들을 수 있고 녹화본도 제공받았다. 적은 비용으로 주 1회, 총 4번의 강의를 들을

수 있는 혜택 덕분에 첫 달에만 200명이 넘는 유료 회원을 모집할 수 있었다. 더 놀라운 것은 그녀는 다른 인플루언서들처럼 물건을 판매하거나 직접 강의하지 않음에도 매월 안정적인 수익을 내고 있다는 것이다.

CAP 공식은 단순히 고객을 모으고 판매하는 것을 넘어 고객이 상품을 진심으로 원하게 만드는 방법이다. 어떤 물건이든 고객에게 진정한 가치를 전달한다면 구매하는 사람이 있다. 이 공식을 통해 고객이 레드카펫을 따라 걷고 결국 구매로 나아가는 실행 전략을 시작해 보자. 그러면 이제는 CAP 공식의 각 단계에서 활용할 수 있는 구체적인 도구와 방법들을 살펴보자.

두 번째 미션:
잠재고객 100명을 모아 보자!

어릴 적 과자나 음료를 사면 하나 더 주는 '하나 더'라는 이벤트가 있었다. 음료 뚜껑 안쪽이나 과자 봉지 안 쿠폰에 '하나 더'라는 글자가 있으면 슈퍼에 가서 구매한 제품과 동일한 것으로 교환하는 이벤트였다. 이는 상품을 구매한 고객이 쿠폰을 들고 다시 가게를 방문하도록 유도하는 마케팅 전략이다.

요즘에는 이런 이벤트가 좀 더 발전했다. 단순히 '하나 더' 제공하는 게 아니라 쿠폰 속 응모 번호를 이벤트 웹페이지에 입력하도록 유도한다. 이때 고객 정보(DB)를 수집하는 것이 핵심이다. 이렇게 수집된 고객 정보는 다음 상품 프로모션이나 이벤트 홍보에도 활용된다. 고객 정보가 비즈니스의 지속 가능성을 높이는 소중한 자원이 되는 이유다.

고객 DB가 필요한 이유

잠재고객을 모으는 데 가장 중요한 것은 고객 DB를 확보하는 것이다. 이는 단순히 판매 기회를 한 번 더 만들기 위한 게 아니다. DB는 고객과의 지속적인 관계를 가능하게 하는 접점이다. 이 정보를 통해 고객의 관심을 확인하고 개인화된 메시지를 전달하며, 점진적으로 신뢰를 구축할 수 있다. 실제로 사이트 방문객의 평균 이탈률은 상당히 높다.[9]

▶ 웹사이트 유형별 평균 이탈률

e커머스·소매업 웹사이트
20–45%

B2B 웹사이트
25–55%

리드 생성 웹사이트
30–55%

e커머스 콘텐츠 외 웹사이트
35–60%

랜딩페이지
60–90%

사전, 블로그, 포털
65–90%

광고나 콘텐츠를 보고 상품 상세페이지로 들어온 고객 대부분은 관심을 끌지 못하면 떠나 버린다. 따라서 고객이 나가 버리지 않도록 이들의 관심을 유지할 접점을 만드는 것이 필요하다. 이 접점은 단순한 SNS 팔로워나 '좋아요' 수가 아닌 직접적으로 소통할 수 있는 고객 DB로 구축해야 한다.

잠재고객 100명을 모으기 위한 세 가지 준비물

온라인 비즈니스에서 잠재고객 DB를 모으기 위해서는 다음 세 가지를 준비해야 한다.

- **콜 투 액션**Call To Action, CTA : 광고나 콘텐츠에서 관심 있는 사람들이 행동을 취하도록 유도하는 버튼(예: '무료 자료 다운로드', '지금 신청하기', '이벤트 참여하기')
- **등록페이지**: 고객이 이름, 이메일 주소 등 정보를 입력할 수 있는 등록페이지(예: 설문지, 랜딩페이지, 챗봇 등)
- **가치 전달 채널**: 수집한 고객 DB를 활용해 꾸준히 소통할 수 있는 도구(예: 이메일 마케팅, 문자 메시지, 단톡방, 뉴스레터 등)

우리에게 필요한 것은 우선 잠재고객 100명이다(정확히는 잠재고객 100명의 DB). 100명을 모으는 것을 목표로 하는 이유는 이 100명이 당신이 할 모든 비즈니스의 기초가 될 것이기 때문이다. 하지만 고객들은 쉽게 그들의 개인정보를 주지 않는다. 이들은 아직 '차가운 고객' 단계에 있다. 이들의 관심을 끌고 정보를 얻기 위해서는 과자 회사의 '하나 더' 이벤트처럼 각종 이벤트, 할인 행사, 자료 제공 등 잠재고객들이 거부할 수 없는 선물을 제공해야 한다. 그리고 직접 본인의 정보를 입력할 수

▶ 잠재고객 DB 수집에 필요한 세 가지

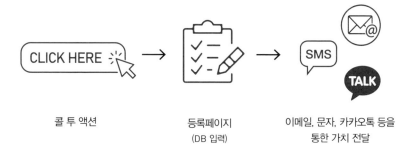

콜 투 액션　　　　등록페이지　　　이메일, 문자, 카카오톡 등을
　　　　　　　　　(DB 입력)　　　　통한 가치 전달

있는 등록페이지로 이동할 수 있도록 연결한다.

　고객 정보를 수집할 수 있는 도구는 형식별로 매우 다양하다. 여기서는 주로 많이 쓰이는 도구 위주로 장단점과 활용법을 정리해 놓았다. 본인의 비즈니스에 맞는 도구를 선택해 활용해 보자.

구글 설문지

　가장 많이 쓰이는 폼으로서 무료로 사용할 수 있으며 사용자 인터페이스가 직관적이다. 또한 구글 계정과 통합되어 데이터를 쉽게 관리하고 분석할 수 있다. 그러나 설문지가 길어질 경우 참여율이 떨어질 수 있다는 단점이 있다. 따라서 설문 응답률을 유지하기 위해 간결하고 명확하게 질문을 구성해야 한다. 구글 설문지를 활용하려면 먼저 구글 드라이브 내에서 '설문지'를 선택해 새로운 설문지를 만든다. 필요한 질문 유형(단답형, 객관식 등)을 추가하고 완성된 설문지 링크를 배포한다. 비

▶ **구글 설문지 예시**

무료 강의 신청서

11월 3일 금요일 저녁 10시 무료 강의 신청서 입니다.

Google에 로그인하여 진행상황을 저장하세요. 자세히 알아보기

* 표시는 필수 질문임

성함 *

내 답변

톡방 대화명 *

내 답변

이메일 주소를 적어주세요 *
(오타를 한번 더 확인해주세요)

내 답변

전화번호를 숫자만 입력해주세요. *

숫한 형식으로 네이버 폼이 있다.

랜딩페이지

랜딩페이지는 사용자가 광고나 링크를 클릭했을 때 가장 먼저 도착하

▶ 고객 참여를 유도하는 랜딩페이지 예시

는 웹페이지로, 특정 행동(구매, 신청, 다운로드 등)을 유도하기 위해 설계된 페이지다. 랜딩페이지의 장점은 전문적인 느낌을 줄 수 있다는 것이다. 또한 해당 랜딩페이지 내에 텍스트나 이미지 동영상 등으로 다양한 정보를 추가 전달해 참여도를 유도할 수 있다. 이는 검색엔진 최적화SEO에도 도움이 된다. 하지만 제작 및 유지 관리 비용이 발생할 수 있으며, 한 페이지에 질문을 많이 넣을 경우 랜딩페이지의 장점이 사라진다.

워스Wix, 브리지 Brizy, 캔바Canva 같은 플랫폼을 활용하면 프로그램 언어를 몰라도 간단한 랜딩페이지를 만들 수 있다. 페이지 디자인 템플릿이 있어서 단순한 요소 추가 및 수정으로 완성할 수 있다.

▶ **실시간 사용자와 상호작용이 가능한 챗봇 예시**

챗봇

챗봇은 사람처럼 대화를 주고받으며 질문에 답하거나 도움을 주는 프로그램이다. 챗봇을 활용하면 실시간으로 사용자와의 상호작용을 통해 동적인 데이터 수집이 가능하다. 또한 고객의 정보 수집뿐만 아니라 자동 응답 시스템을 활용해 다양한 상담 업무, 마케팅 홍보, 웹사이트로 연결할 수 있다. 그러나 이런 좋은 기능을 제대로 활용하기 위해서는 시스템을 익히는 시간이 필요하다. 또한 챗봇 사용료를 꾸준하게 지불해야 한다.

챗봇 플랫폼으로는 카카오 챗봇, 랜드봇 Landbot, 매니챗 Manychat 등이 있다. 챗봇마다 활용도에 차이가 있으니 본인의 비즈니스와 잠재고객에

▶ 원하는 양식으로 제작 가능한 타입폼 예시

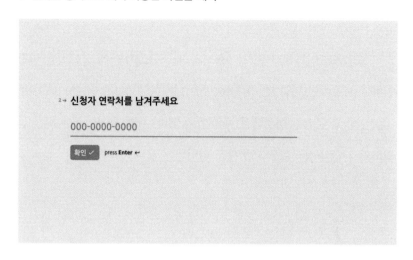

맞는 챗봇을 선택해서 대화 스크립트를 작성하고 자동 응답 시스템을 구축해 보자.

타입폼

타입폼Typeform은 질문지를 간편하게 만들 수 있는 서비스로, 사람들이 답변을 쉽게 입력하도록 도와주는 온라인 설문 도구다. 타입폼의 장점은 시각적으로 매력적인 설문지나 양식을 만들 수 있다는 것이다. 사용자가 한 번에 한 가지 질문에만 집중하게 되어 있어 참여율과 설문 응답 완료율을 높인다. 무료 플랜도 있지만 기능 제한이 많다는 단점이 있다. 데이터 분석, 다양한 연동 같은 기능을 사용하려면 유료 플랜을 사용해야 한다. 그리고 한 설문에 너무 많은 질문을 추가하면 사용자 피로도가 높아진다는 점도 고려해야 할 점이다.

타입폼 홈페이지에서 원하는 형식의 템플릿을 선택해 설문지를 디자인하고 사용하면 된다. 여러 질문 및 이미지나 동영상들을 추가해 설문지를 만들고 링크를 생성해서 공유할 수 있다. 또한 웹사이트에 직접 삽입하거나 팝업 형태로 표시할 수도 있다.

잠재고객을 끌어모으기 위한 이 단계에서 중요한 것은 단순한 관심을 행동으로 전환시키는 것이다. 위에서 소개한 도구들은 바로 고객의 정보를 수집하고 관계를 시작하기 위한 중요한 역할을 한다. 이 도구들을 활용하면 단순히 '사이트 방문객'이었던 사람들을 'DB화된 잠재고객'으로 만들 수 있다. 이후 이들과 신뢰를 쌓는 단계, 구매 제안 단계로 자연스럽게 넘어가면 된다.

잠재고객 100명을 모으는 것은 단순히 숫자를 채우는 작업이 아니다. 이 100명은 여러분의 비즈니스 성장과 지속 가능성을 만드는 핵심 자원이다. 이제는 SNS를 통해 나와 내 상품에 관심이 있는 사람들만 효과적으로 모으는 방법을 알아보자.

SNS는 내 브랜드를
홍보해 주는 무료 직원

D는 성공한 보험 설계사다. 그녀의 카톡에는 하루에도 몇 명씩 보험 가입 문의를 하는 사람들이 메시지를 보낸다. 명절에는 고객들이 보낸 선물 택배로 사무실이 가득 찬다. 대부분 보험 설계사들이 고객을 찾아가 선물 등을 주며 보험 가입을 요청하지만, D의 경우는 정반대다. 오히려 고객들이 그녀를 먼저 찾아온다.

그녀도 처음부터 이렇게 성공적이지는 않았다. 이혼 후 초등학생 딸을 혼자 키우며 경제적 어려움을 겪었고 그렇게 해서 시작한 것이 보험 설계사였다. 하지만 이 길도 결코 쉬운 길은 아니었다. 선배들이 알려준 대로 전국을 돌아다니며 고객을 찾아다녔지만 계속 거절당하고 무시당하며 자존감이 바닥을 치는 날들을 보내야 했다.

이혼하기 전 전업주부였던 그녀는 아이를 키우면서 블로그를 시작했었다. 육아하며 겪는 어려움들과 함께 아이의 성장 이야기를 일기처럼 종종 블로그에 공유하곤 했다. 그녀는 특히 아이에게 책을 많이 읽어주었는데, 그 때문인지 아이는 다른 아이들보다 글을 빨리 뗐고 말을 잘했다. 여기에 동기부여가 된 그녀는 아이에게 '어떤 책을 어떻게 읽혔다', '어디에서 무료 독서 놀이 자료를 찾아 함께 했다' 같은 책 육아에 관한 이야기들을 블로그에 많이 올렸다.

그러다 보니 책 육아에 관심 있는 엄마들이 블로그에 찾아와 방법을 묻는 일이 늘어났다. '다섯 살 여자아이에게 읽어 주면 좋은 책으로는 무엇이 있을까요?', '전집을 사 주는 것이 좋을까요?', '도서관에서 책을 빌려 오는 게 좋을까요?' 등 다양한 질문들에 답을 해주고 선배 엄마로서 전문가처럼 조언도 해줬다.

보험업을 시작하면서는 예전처럼 블로그 활동을 많이 하지 못했지만 그때 온라인에서 친해진 사람들과는 꾸준히 관계를 이어 오고 있었고, 그들 중 몇 명에게는 보험을 판매하기도 했다. 계약을 위해 오프라인으로 만난 그들에게 D는 고마운 마음에 그들이 궁금해 하는 책 육아 노하우를 알려 주었다. 아이의 수준에 맞게 책을 추천해 주었을 뿐 아니라 직접 집에 찾아가 책장을 시기별로 정리하는 법까지 알려 주기도 했다. 그게 시작이었다. 이때부터 D는 고객이 알아서 찾아오는 성공의 길을 걷기 시작했다.

상품을 팔지 않아도 고객이 먼저 찾아오는 이유

현재 D의 블로그에는 보험에 관한 이야기는 전혀 없다. 대신 그녀는 블로그 친구들의 집에 찾아가서 아이 책장을 정리해 준 이야기, 오프라인으로 만나서 책 육아 노하우를 전달했다는 이야기들이 있다.

그녀의 잠재고객은 책 육아에 관심 있는 어린 자녀(2~12세)를 둔 엄마들이었다. 그녀는 그들이 겪고 있는 육아 어려움에 공감하고, 그들이 막막해 하는 부분을 도와주었다. 그리고 자신이 아이들의 교육뿐만 아니라 건강과 미래를 위해 도움을 줄 수 있다는 걸 어필했다. 그렇게 해서 그들의 마음을 알아주는 선배 엄마에서 정보를 제공하는 책 육아 전문가가 되었고, 찐팬들이 생겨났다.

그들은 노하우를 알려 줘서 고마운 마음에 보험에 가입했고, 정보를 얻기 위해 먼저 보험 가입 문의를 했다. 또 육아에 열심인 선배 엄마가 추천하는 어린이 보험상품이라면 믿을 만하다고 여겼다. 그렇게 D는 따로 고객을 직접 찾아다니지 않아도 매달 수십 명에게 새로운 보험을 가입시키게 되었다. 의도한 것은 아니지만 꾸준히 운영해 오던 블로그가 그녀를 대신해 사람을 모아 주는 세일즈 직원 역할을 한 것이다.

"1일 1포스팅해 봤는데도 반응이 없어요."

"이제 블로그/인스타그램은 한물갔나 봐요."

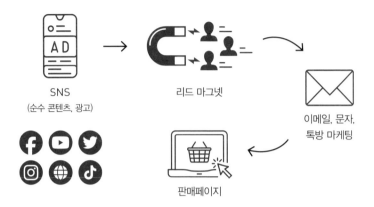

비즈니스를 위한 SNS는 전략이 필요하다. 그런데 많은 사람이 전략 없이 블로그를 일기장으로, 인스타그램을 앨범으로 사용한다. 내 브랜드를 홍보해 주는 세일즈 직원을 고용해 놓고 내 사진이나 보여 주고 수다를 떠는 상대로만 사용하는 꼴이다. 앞에서 설명했듯이 SNS는 고객들이 나와 내 상품들을 만나는 창구 역할을 한다. 제대로 작동하지 않으면 고객은 나의 상품도 보지 않고 떠나가 버린다.

내 SNS 팔로워들은 잠재고객일까?

SNS로 사람들을 모으고 댓글 및 '좋아요'로 관계를 쌓는다고 하더라도 온전히 내 잠재고객이라고 안심하기는 힘들다. 얼마 전에도 수강생 중 한 분이 갑자기 본인 계정이 해킹을 당해서 로그인이 되지 않는다고 하소연했다. 이처럼 본인이 특별히 잘못한 게 없는데 갑자기 계정이 사라지거나 알고리즘이나 내부 정책이 바뀌어 노출도가 낮아지는 등의 경우가 심심치 않게 있다.

내가 10만 명의 팔로워가 있는데 로그인이 안 된다면 내 잠재고객이 10만 명이라고 할 수 있을까? 평균 하루 1만 명 이상의 방문자가 있던 내 블로그가 갑자기 노출도가 떨어져서 하루 1,000명으로 방문자 수가 떨어졌다면 내 잠재고객은 몇 명이라고 할 수 있을까?

플랫폼 정책 변경, 해킹, 계정 정지 등 예상치 못한 문제가 생기면 팔로워와의 연결이 끊어질 수 있다. 그렇기 때문에 SNS를 잠재고객과의 관계 형성의 출발점으로 삼되 그 외의 고객 정보를 수집할 수 있는 전략이 꼭 필요하다. D처럼 블로그나 SNS를 통해 관계를 쌓는 동시에 고객의 이메일 주소나 연락처를 확보해 두는 것이 중요하다. 팔로워가 많아도 연락할 방법이 없다면 그들은 단지 숫자일 뿐이다.

SNS를 비즈니스 도구로 활용하는 세 가지 전략

D의 사례는 SNS가 단순한 소통 채널을 넘어 고객과의 신뢰를 기반으로 비즈니스를 성장시키는 강력한 도구임을 보여 준다. 하지만 SNS를 효과적으로 비즈니스에 활용하려면 몇 가지 전략이 필요하다.

첫째, 일관된 메시지를 유지하라. 일상 계정처럼 무작위로 글을 올리는 것이 아니라 내 상품과 관련된 이야기를 중심으로 전문성을 보여 주는 콘텐츠를 계획해야 한다. 고객은 일관된 메시지를 통해 여러분의 전문성을 신뢰하고 자연스럽게 브랜드를 기억하게 된다.

둘째, 가치 있는 콘텐츠를 제공하라. 고객의 문제를 해결하거나 그들의 관심사에 부합하는 콘텐츠를 만들어 그들과의 연결을 강화하라. 단순한 홍보가 아닌 고객과의 관계를 형성하는 데 초점을 맞춰야 한다.

셋째, 명확한 콜 투 액션을 설정하라. 고객이 행동을 취하도록 명확하고 간단한 안내를 제공하라. 단순히 '좋아요'나 댓글을 유도하는 것을 넘어 이메일이나 연락처를 남기도록 설계해야 한다. '무료 가이드북을 다운로드하세요', '궁금한 점이 있다면 카카오톡 메시지를 남겨 주세요' 같은 메시지를 활용해 고객과의 접점을 확실히 만들어야 한다.

D처럼 SNS를 전략적으로 활용하면 잠재고객을 자연스럽게 비즈니스로 연결할 수 있다. SNS는 단순한 쇼윈도가 아니다. 내 브랜드를 알리고 고객의 신뢰를 얻으며 지속적인 관계를 유지하는 강력한 비즈니스 도구다. 팔로워 수에만 연연하지 말고 고객의 마음을 움직이는 콘텐츠와 전략을 통해 SNS를 여러분의 가장 강력한 파트너로 만들어 보자.

좋은 콘텐츠면
충분하다는 착각

디지털 마케팅에서 SNS 콘텐츠 마케팅은 이제 필수 요소다. 불과 몇 년 전만 해도 단 하나의 콘텐츠로도 폭발적인 반응을 얻을 수 있었지만 지금은 하루에도 수만 개의 콘텐츠가 쏟아지며 개별 게시물의 노출도가 크게 줄어들고 있다.

2023년 6월 아이지에이웍스 igaworks가 발표한 자료에 따르면 한국에서 제일 많이 사용되는 SNS/커뮤니티 앱은 메타의 인스타그램으로 1위였고, 같은 회사의 페이스북은 3위였다.[10·11] 이렇게 많은 사람이 사용하는 플랫폼에서 마케팅은 필수지만 순수 콘텐츠를 활용하는 콘텐츠 마케팅은 이제 효과를 기대하기 어렵다.

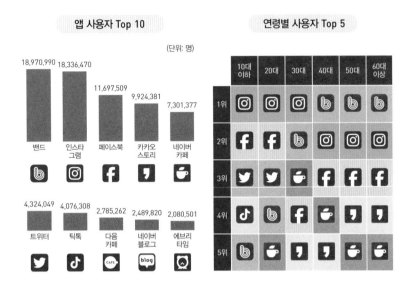

▶ 가장 많이 사용하는 SNS/커뮤니티 앱 순위

도달률 1% 시대, 광고 없이 살아남기 어렵다

페이스북과 인스타그램에서 콘텐츠 노출은 크게 두 가지 방법으로 이뤄진다. 바로 유기적 도달과 광고를 통한 도달이다. 유기적 도달은 사용자들이 게시물에 자발적으로 상호작용을 하면서 돈을 쓰지 않고도 자연적으로 게시물이 퍼져 도달하는 것을 의미한다. 그리고 광고를 통한 도달은 말 그대로 광고비를 지불하고 게시물을 홍보하는 것을 말한다.

과거에는 콘텐츠를 자주 올리는 것만으로도 자연스럽게 많은 사람이 내 게시물을 볼 수 있었다. 그러나 페이스북과 인스타그램(이하 메타)의

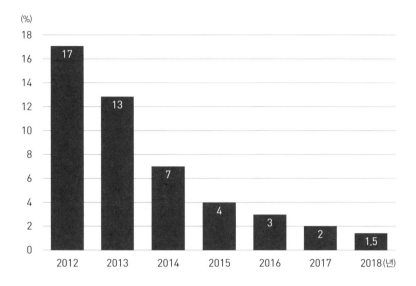

▶ 메타(페이스북/인스타그램)의 유기적 도달률

유기적 도달률은 점점 낮아지고 있다. 메타의 유기적 도달률을 나타낸 위 그래프를 보면 2018년의 유기적 도달률은 약 1.5퍼센트에 불과했다. 이 말은 유료 광고 없이 자연적으로 게시물이 도달할 수 있는 범위가 매우 제한적임을 의미한다. 메타는 자체적으로 이렇게 유기적 도달률을 낮추고 있다. 더구나 이 자료는 2018년까지만 명시되어 있다. 현재 유기적 도달률은 얼마나 될까? 다수의 현업 마케터들은 1퍼센트 미만으로 추정한다.

왜 페이스북과 인스타그램은 유기적 도달을 낮추는 것일까? 메타의 수익 대부분은 유료 광고에서 나오기 때문이다. 다음 그래프[12]를 보면

▶ 유기적 도달률과 주식가격의 관계

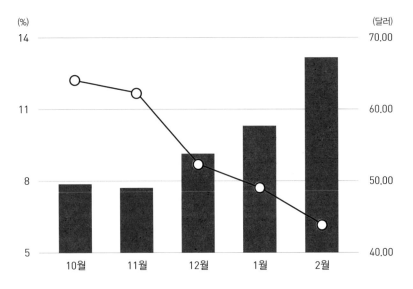

※ 선은 유기적 도달률을 나타내고 막대는 주식가격을 의미한다.

유기적 도달률이 낮아지는 현상에 반비례해 주식가격이 올라가는 것을 확인할 수 있다. 일반 게시물의 노출도를 낮추고 대신 광고의 비중을 높임으로써 수익을 만들어 가는 것이다. 상황이 이렇기 때문에 이제는 단순히 좋은 콘텐츠를 자주 올리는 것만으로는 부족하다. 광고를 활용한 전략적인 접근이 병행되어야 한다.

"1년 동안 블로그를 관리하며 모은 DB보다 일주일간 광고를 돌리고 모은 잠재고객 DB 인원수가 훨씬 많아요."

내 강좌의 한 수강생이 처음 광고를 돌려 보고 한 말이다. 이 수강생은 1년 동안 블로그를 운영하며 잠재고객을 꾸준히 모았다. 콘텐츠 발행이 쉽지 않았지만 광고를 시작하지 못했던 이유는 비용이 많이 들 것 같다는 막연한 걱정 때문이었다. 내 조언에 따라 그는 하루 5,000원의 소액 광고를 시작한 후 일주일 만에 200여 명의 잠재고객 리스트를 확보했다. 그리고 이 고객들을 통해 실제 구매도 이뤄졌다. 이 사례는 광고가 단순히 노출을 늘리는 것을 넘어 효율적으로 잠재고객을 확보하고 매출 증대에도 기여한다는 것을 보여 준다.

효과적인 광고 전략 여섯 가지

다음은 효율적으로 잠재고객을 확보하는 광고 전략 여섯 가지다.

1. **타깃 오디언스 정의:** 광고를 시작하기 전에 광고 메시지를 받을 대상 고객을 명확히 정의해야 한다. 고객의 나이, 성별, 위치, 관심사 등을 세분화하면 광고 효과가 극대화된다. 예를 들어 여성 의류를 판매하는 경우 '서울 거주 30대 여성 직장인'과 같이 구체적으로 정의하면 광고 예산 낭비를 줄이고 전환율을 높일 수 있다.

2. **다양한 채널 활용:** 소셜 미디어 광고뿐만 아니라 검색엔진 광고, 동영상 광고 등 다양한 플랫폼을 활용해 동일한 메시지를 전달한다. 예를 들어 인스타그램에서는 감각적인 이미지 광고를, 유튜브에서

는 튜토리얼 영상을 통해 고객의 관심을 끌 수 있다.

3. **콘텐츠의 질:** 고품질의 이미지와 비디오, 명확하고 간결한 메시지를 사용한다. 고객의 관심을 끌기 위해서는 단순히 제품을 홍보하는 것이 아니라 고객의 문제를 해결하는 가치 있는 내용을 담아야 한다. 또한 고품질의 이미지와 영상을 사용하는 것도 도움이 된다.

4. **리타깃팅 캠페인:** 사이트를 방문했지만 구매하지 않은 고객을 대상으로 다시 광고를 노출하는 리타깃팅은 전환율을 높이는 데 효과적이다. 예를 들어 장바구니에 상품을 담았지만 결제를 완료하지 않은 고객에게 해당 상품을 다시 보여 주는 광고를 통해 구매를 유도할 수 있다.

5. **A/B 테스트:** 광고 성과를 극대화하려면 다양한 요소를 테스트해 보는 것이 중요하다. 헤드라인, 이미지, 콜 투 액션 등 여러 버전을 만들어 어느 조합이 가장 효과적인지 비교해 보자.

6. **성과 측정과 분석:** 광고 캠페인을 실행한 후 구글 애널리틱스Google Analytics 같은 도구를 활용해 트래픽, 전환율, 투자대비수익률Return on Investment, ROI을 분석해 보자. 데이터를 기반으로 캠페인을 조정하면 지속적으로 효율성을 높일 수 있다.

이제 콘텐츠 마케팅과 광고는 함께 시행해야 한다. 콘텐츠로 고객의 관심을 끌고 광고로 잠재고객을 확보하며 지속적인 관계를 유지해야 한다. 디지털 마케팅은 계속 진화하고 있으며 최신 기술과 전략을 적용하는 것이 성공하는 방법이다. 이제부터는 실제로 메타 플랫폼에서 광고를 세팅하는 구체적인 방법을 제시할 것이다. 적은 예산으로도 효과를 극대화할 방법을 배우고 광고를 통해 더 많은 잠재고객을 모아 보자.

광고 버튼 누르기 전에
꼭 알아야 할 세팅 기본기

메타 광고를 처음 세팅한다면 기본적인 준비가 필요하다. 먼저 페이스북 비즈니스 계정과 페이스북 페이지가 있어야 하며, 광고 효과를 극대화하길 원한다면 인스타그램 계정 연결도 해두면 좋다. 또한 광고를 세팅하기 전에 광고의 목표를 명확히 해야 한다. 예를 들면 웹사이트 방문자 수를 늘리고 싶은지, 리드(제품이나 서비스에 관심을 보여 추후 고객이 될 가능성이 있는 사람이나 기업)를 생성하고 싶은지, 제품 판매 전환을 목표로 하는지에 따라 설정 방법이 달라진다. 이번에는 기본적인 광고를 실제로 세팅하는 방법을 알아보자.

메타 광고 한눈에 이해하기

메타 광고는 캠페인 Campaign, 광고 세트 Ad Set, 광고 Ad의 3단계 구조로 이뤄져 있다. 여기서는 좀 더 세분화해서 살펴보자.

1. **캠페인:** 광고의 최종 목표를 설정하는 단계로 광고의 큰 틀과 방향이 이 단계에서 결정된다(예: 트래픽 유도, 리드 생성, 구매 전환 등).
2. **광고 세트:** 타깃 오디언스 설정, 예산, 광고 일정을 구성하는 단계. 광고를 노출할 잠재고객 타깃팅 세분화를 통해 광고 효율성을 극대화할 수 있다.
3. **광고:** 사용자에게 실제로 노출되는 광고 콘텐츠다. 이미지, 동영상, 텍스트 등 광고 크리에이티브가 여기에 포함된다.

▶ **메타 광고의 3단계 구조**

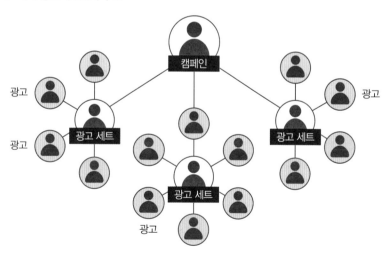

1단계: 광고 계정 설정하기

메타 광고를 시작하려면 먼저 페이스북 광고 관리자 Ads Manager에 접속해야 한다. 광고 관리자는 캠페인을 생성하고 관리할 수 있는 플랫폼으로 타깃팅, 예산 배분, 성과 분석 등을 체계적으로 처리할 수 있다. 광고를 효율적으로 운영하기 위해 페이스북 비즈니스 계정이 필요하다.

- **광고 관리자로 이동:** 페이스북 광고 관리자에 로그인하면 계정 설정 화면에 접근할 수 있다.
- **비즈니스 계정이 없는 경우:** 페이스북 비즈니스 설정 페이지(https://business.facebook.com/)에서 새로운 계정을 생성한다. 비즈니스 계정을 생성하면 광고 계정을 연결하거나 새롭게 만들 수 있으며, 광고 성과를 체계적으로 관리할 수 있다.

▶ **메타에서 광고 계정 설정하기**

- **광고 계정 연결 및 설정:** 기존에 운영 중인 광고 계정이 있다면 이를 연결하고 새로운 광고 계정을 설정할 수도 있다. 광고 계정 설정에서 결제 정보를 추가한다.

2단계: 광고 캠페인 목표 선택하기

캠페인을 생성하면 가장 먼저 광고 목표를 선택해야 한다. 캠페인은 광고 전략의 큰 틀을 설정하는 단계이고, 여기서 중요한 것은 광고의 목표를 명확히 선택하는 것이다. 페이스북 광고 관리자에서 제공하는 목표는 다양하다. 일반적인 광고 목표로는 트래픽, 전환, 리드 생성 등이 있다.

- **트래픽:** 웹사이트나 랜딩페이지로 방문자를 유도하는 데 적합하다.
- **전환:** 구매, 가입 등 명확한 액션을 유도할 때 사용한다.
- **리드 생성:** 고객의 정보를 수집해서 이후 마케팅에 활용할 때 적합하다.

선택한 목표에 따라 광고 형식과 타깃팅이 달라지므로 비즈니스 목표에 맞는 캠페인을 선택해야 한다. 예를 들어 리드 생성을 선택하면 잠재 고객의 이메일을 수집할 수 있는 폼이 포함된 광고 형식이 제공된다.

▶ 광고 캠페인 목표 선택하기

3단계: 광고 세트 설정하기

광고 세트에서는 타깃팅과 예산, 광고 일정을 구체적으로 설정한다.

- **타깃 오디언스 설정**: 광고가 도달할 대상(타깃)을 설정하는 단계다. 페이스북과 인스타그램에서는 연령, 성별, 위치, 관심사 등 세부적인 영역에서 타깃팅을 설정할 수 있다(예: 서울에 거주하는 30~40대 여성 직장인).
- **예산 설정**: 일별 예산 또는 총예산을 설정할 수 있다. 일별 예산은

▶ 광고 세트 설정하기

하루에 소비할 금액을 지정하는 방식이고, 총예산은 캠페인 기간
에 사용할 전체 광고 비용을 의미한다. 이때 예산에 따라 예상 도
달 범위가 표시되며 광고가 얼마나 많은 사람에게 노출될지 예측
할 수 있다.

- **광고 일정 설정**: 광고가 언제 시작되고 종료될지를 설정한다. 특정
날짜에 맞춰 광고를 게재하거나 일정 기간에 자동으로 광고가 집
행되도록 설정할 수 있다.

4단계: 광고 형식 선택하기

메타 광고에서는 여러 가지 형식으로 광고를 할 수 있다. 본인의 상품
이나 광고 목적에 맞게 형식을 선택해 보자.

▶ 광고 형식 선택하기

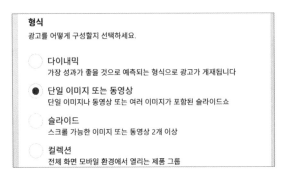

- **이미지 광고:** 가장 간단한 형식으로, 단일 이미지와 텍스트로 이뤄진 광고다. 제품이나 서비스를 직관적으로 전달할 수 있는 이미지가 효과적이다.
- **동영상 광고:** 동적 콘텐츠를 통해 더 많은 정보를 전달하거나 짧지만 강렬한 메시지를 전달할 수 있다.
- **슬라이드 광고:** 여러 이미지를 순차적으로 보여 줄 수 있는 형식으로 하나의 광고에서 다양한 콘텐츠를 표현하고 싶을 때 효과적이다.
- **컬렉션 광고:** 여러 제품을 한 화면에 표시해 쇼핑 경험을 제공하는 형식이다.

5단계: 광고 크리에이티브 설정하기

광고 크리에이티브는 사용자가 광고를 클릭하도록 유도하는 핵심 요

▶ 광고 크리에이티브 설정하기

소다. 광고에서 첫 번째로 사용자에게 노출되는 부분이기 때문에 흔히 광고의 성패가 크리에이티브에 달려 있다고도 한다.

- **텍스트 및 헤드라인 작성:** 광고의 텍스트는 간결하면서도 눈에 띄어야 한다. 특히 헤드라인은 사용자의 시선을 끌 수 있도록 짧고 명확하게 작성하는 것이 중요하다.
- **이미지 또는 동영상 업로드:** 광고 형식에 맞는 이미지나 동영상을 함께 업로드한다. 이때 시각적 요소는 광고의 메시지를 효과적으로 전달하는 핵심이 되므로 최대한 고품질의 이미지를 사용하는 것이 좋다.

- **콜 투 액션 버튼 설정:** 광고에서 사용자가 즉시 행동을 취할 수 있도록 콜 투 액션 버튼을 설정한다.

지금까지 메타 광고를 기본 세팅하는 방법을 살펴봤다. 메타 광고를 세팅하는 과정은 처음에는 복잡하게 느껴질 수 있지만 각 단계를 하나씩 따라가면 누구나 쉽게 광고를 만들고 운영할 수 있다. 중요한 것은 목표를 명확히 설정하고, 타깃을 정확히 정의하며, 크리에이티브에 신경 쓰는 것이다. 또한 광고 성과를 지속적으로 모니터링하고 필요할 때 최적화하는 과정도 매우 중요하다. 광고는 한번 세팅하고 끝나는 게 아니라 트래픽, 전환율, 투자대비수익률 등을 확인하면서 계속 최적화하는 작업이 필요하다.

처음에는 소규모 예산으로 시작하고 효과가 좋은 캠페인에 예산을 조금씩 늘리는 방향으로 진행하는 것이 좋다. 메타 광고를 세팅하는 방법을 익혔으니 이제 직접 광고를 만들고 잠재고객을 모아 보자.

초보자를 위한
광고 아이디어 수집하는 법

초보 비즈니스 오너 입장에서는 광고 소재를 어떻게 만들어야 할지 막막할 수 있다. 이럴 때는 성공적인 광고를 살펴보며 아이디어를 얻는 것이 좋다. 페이스북은 모든 광고를 투명하게 공개하는 페이스북 광고 라이브러리Facebook Ads Library를 운영하고 있다. 전 세계에서 현재 진행 중인 광고를 자유롭게 열람할 수 있어 경쟁사와 업계의 광고 트렌드를 파악하는 데 큰 도움이 된다.

광고 소재가 안 떠오를 땐, 경쟁사부터 들여다보자

페이스북 광고 라이브러리 활용법
- **광고 라이브러리 접속:** 구글 검색창에 '페이스북 광고 라이브러리'를

▶ 광고 라이브에서 나이키 광고를 검색한 결과

검색하거나 Facebook Ads Library 페이지로 직접 이동한다.

• **키워드 검색:** 검색창에 특정 브랜드 이름, 카테고리 또는 제품명을 입력한다.

• **광고 필터링:** 국가, 플랫폼(페이스북, 인스타그램 등), 광고 종류 등을 필터링해 원하는 조건에 맞는 광고만 볼 수 있다. 광고를 진행하고 있는 플랫폼, 광고에 삽입된 영상/이미지, 문구 등을 살펴보면서 내 광고에 참고할 만한 요소들을 찾아보자.

• **광고 상세 분석:** 광고 유형별로 텍스트, 이미지, 영상, 광고 문구,

후킹 메시지 등을 분석해 보자. 어떤 광고 문구가 사람들의 이목을 끄는지, 이미지나 영상에서 강조하는 포인트는 무엇인지 참고하면 도움이 된다.

라이브러리에서 발견한 광고를 단순히 모방하기보다는 그 광고가 고객의 관심을 끌고 행동을 유도하는 요소들을 분석해 보자. 광고의 카피, 비주얼 그리고 효과적인 콜 투 액션이 어떻게 구성되어 있는지 살펴보고 이를 여러분의 비즈니스와 타깃층에 맞게 재구성하는 것이 중요하다. 이제 실제로 광고를 설정할 차례다. 아래 체크리스트를 참고해 나만의 광고를 만들기 위한 핵심 요소들을 점검해 보자.

▶ **메타 광고 설정 체크리스트**

Step 1: 메타 광고 계정 생성
☐ **메타 광고 계정 생성**
메타 광고 관리자에서 광고 계정을 생성했나요?
비즈니스 정보를 정확히 입력했나요? (회사 이름, 주소, 연락처 등)
결제 수단을 등록했나요?
☐ **계정 보안 설정**
계정 해킹 방지를 위해 이중 인증(2FA)을 활성화했나요?

Step 2: 캠페인 설정
☐ **캠페인 목표 설정**

목표를 명확히 선택했나요?

- 트래픽(웹사이트 방문자 유도)

- 리드 생성(DB 수집)

- 전환(구매 또는 특정 행동 유도)

☐ **예산 설정**

일일 예산 또는 총예산을 설정했나요?

- 일일 예산: 하루 광고 비용 설정(예: 5,000원)

- 총예산: 캠페인 기간 전체 광고 비용 설정

☐ **광고 일정 지정**

광고 시작일과 종료일을 정확히 설정했나요?

- 광고 종료일을 설정하지 않으면 예산이 소진될 수 있습니다.

Step 3: 타깃 설정

☐ **대상 고객 정의**

타깃의 기본 정보를 설정했나요?

- 연령: _____

- 성별: _____

- 위치: _____

- 관심사: _____

☐ **사용자 행동 기반 타깃팅**

기존 방문자, 리타깃팅 대상자 등을 설정했나요?

장바구니에 상품을 담았으나 구매하지 않은 고객을 타깃팅했나요?

Step 4: 광고 콘텐츠 제작

☐ **시각 콘텐츠 준비**

광고 이미지 또는 동영상을 제작했나요?

- 이미지: 피드&탐색 홈 1080×1080픽셀(1:1), 릴스&스토리 1080×1920 픽셀(9:16)

- 동영상: 15~30초

☐ **광고 문구 작성**

헤드라인은 짧고 명확하게 작성했나요?

본문 텍스트에 명확한 가치를 전달했나요?

예: '지금 확인하세요!', '5분 만에 아이 교육 계획 세우기'

☐ **콜 투 액션 버튼 설정**

고객 행동을 유도하는 버튼을 추가했나요?

예: '더 알아보기', '지금 신청'

Step 5: 광고 게시 및 모니터링

☐ **광고 게시**

광고가 제대로 활성화되었나요?

☐ **광고 성과 모니터링**

게시 후 48~72시간 동안 초기 성과를 확인했나요?

성과가 낮을 경우 문제점을 파악하고 수정했나요?

- 클릭률click-through rate, CTR이 낮은 경우: 문구 또는 이미지를 변경
- 특정 지역에서 효과가 좋은 경우: 해당 지역에 예산 추가 할당

☐ **성과 분석 도구 사용**

구글 애널리틱스 또는 메타 광고 관리자를 활용해 전환율과 투자대비수익률을 분석했나요?

Step 6: 광고 성과 보고 및 최적화

☐ **성과 보고**

캠페인 성과 데이터를 기록했나요?

- 클릭률: _____
- 전환율: _____
- 투자대비수익률: _____

☐ **캠페인 개선**

데이터를 기반으로 다음 캠페인을 위한 개선점을 도출했나요?

잘된 점과 부족한 점을 정리했나요?

취미로 시작해서
수공예 창업 강사가 되기까지

E는 처음 취미로 비즈공예를 시작했다. 손으로 하나하나 구슬을 엮어 만든 팔찌와 목걸이는 지인들 사이에서 인기를 끌었고 "이거 어디서 샀어?"라는 질문을 자주 받았다. 이를 계기로 E는 지역 플리마켓에 참가해 작품을 판매하기 시작했다. 처음에는 손님이 많지 않았지만 제품의 독특함과 정성을 알아본 고객들 덕분에 점차 입소문이 퍼졌다. 플리마켓의 특성상 오프라인으로 운영되다 보니 무엇이 잘 팔리고 어떤 점을 개선해야 하는지 고객들과의 직접적인 소통을 통해 배울 수 있었다. 이렇게 현장에서 바로 듣는 피드백이 사업을 시작할 때 큰 도움이 됐다.

하지만 플리마켓에는 한계도 있었다. 주말마다 종일 자리를 지켜야 했고, 날씨가 갑자기 변해 비가 오거나 하면 행사가 취소되기도 했다.

더운 여름과 추운 겨울에도 일해야 한다는 점에서 어려움을 느끼던 E는 더 효율적인 방법을 찾기 시작했다. 그리고 온라인 판매로의 전환을 결심했다.

팔 곳을 바꾸니, 가능성도 달라졌다

우선 온라인 판매로 유명한 네이버 스마트스토어를 개설했다. 처음에는 스토어 관리와 마케팅 방법을 몰라 어려움을 겪었지만 온라인 판매에 대한 강의를 듣고 하나씩 배웠다. 또한 아이디어스idus 같은 수공예품 전문 플랫폼에도 입점해 다양한 고객층을 만났다. 아이디어스의 경우 수공예품의 가치를 알아봐 주는 고객들이 모여 있어서 스마트스토어와는 또 다른 이점이 있었다.

E는 스마트스토어와 아이디어스에 입점 승인을 받고 상품을 등록해 판매하는 과정을 거치면서 온라인 사업에 눈을 뜨게 되었다. 상품 페이지를 어떻게 꾸미는지, 고객 리뷰를 어떻게 유도하는지, 어떤 키워드가 검색 노출에 효과적인지 철저히 연구했다. 예를 들면 단순히 '팔찌'라고만 적지 않고 '핸드메이드 비즈 팔찌' 또는 '친구 선물 추천' 같은 키워드를 활용해 노출률을 높이는 것이다. 또한 고객들에게 인기 많은 사진 촬영 스타일을 배워서 상품 사진을 찍어 업로드했다.

어느 정도 온라인에서 판매가 이뤄지자 주변에서 '어떻게 온라인에서 판매를 시작했는지', '아이디어스 같은 플랫폼에 입점하려면 무엇을 준비해야 하는지' 등을 묻는 사람들이 늘어나기 시작했다. 처음에는 몇몇 질문에 답하다가 곧 생각보다 많은 사람이 이런 정보를 원한다는 걸 알게 되었다.

E는 주변의 사람들이 궁금해 하는 점, 어려워하는 점 등에 답하면서 자신의 노하우를 공유하기 시작했다. 수공예품 제작과 판매에 어려움을 겪는 초보자들에게 자신의 경험을 전수하면 더 많은 사람이 수공예품만이 지닌 가치를 알게 되고 나아가 수공예품 시장이 활발해질 것이라는 생각 때문이었다. 그래서 '아이디어스에 한 번에 입점 성공하고 판매하는 방법', '플리마켓에서의 첫걸음과 네트워킹 비법' 같은 소규모 강의와 컨설팅을 시작했다.

그녀의 강의는 초보 창업자들 사이에서 큰 인기를 끌었고, 실제로 강의를 듣고 아이디어스 입점에 바로 성공했다는 후기와 덕분에 첫 판매를 했다는 등의 메시지가 올라왔다. 그리고 후기가 쌓일수록 더 많은 사람이 찾아오기 시작했다. E는 이 과정에서 디지털 강의를 제작하고, 컨설팅 서비스를 온라인으로 확장하며 새로운 수익 모델을 구축했다.

E는 본인이 성공할 수 있었던 이유가 처음부터 강의를 해야겠다는 생각으로 시작하지 않았기 때문이라고 한다. 그녀는 단순히 비즈공예라는 취미를 어떻게 비즈니스로 만들 수 있을지 고민하며 고객과 소통했다.

그리고 상황의 변화와 고객의 요청에 따라 필요한 방법을 찾아가는 과정에서 사업이 점차 확장되었다. 단순한 취미로 시작한 비즈공예가 고객과의 대화를 통해 점차 성장했고, 이를 기반으로 새로운 사업 아이디어를 구체화할 수 있었던 것이다.

"처음부터 강의를 해야겠다는 생각은 없었어요. 제가 좋아하는 취미로 돈을 벌 수 없을까 하는 생각으로 방법을 찾으면서 그리고 고객의 요청과 상황의 변화에 맞춰 방법을 모색하다 보니 지금의 사업으로 성장할 수 있었어요. 자기 작품에 자부심을 갖고 고객의 목소리에 귀를 기울이세요. 그렇게 하면 단순한 취미 생활이 더 큰 가능성과 새로운 길로 이어질 겁니다."

E의 사례는 단순히 공예품을 판매하는 데 그치지 않고 주변 사람들이 겪는 어려움에 귀를 기울이며 그들의 필요를 채우는 방식으로 새로운 비즈니스 기회를 창출한 모범 사례다. 고객들은 어떻게 온라인 판매를 시작할 수 있는지, 플랫폼에 입점하려면 무엇을 해야 하는지 정보를 필요로 했고, 그녀는 이를 통해 사업 아이디어를 발견하고 구체화할 수 있었다. 지금 이 글을 읽는 여러분도 그녀처럼 할 수 있다. 그 첫걸음을 내딛는 데 필요한 건 완벽한 준비가 아니라 실행하는 용기다.

LEVEL 2

구경꾼에서
진짜
고객으로!

고객 전환의 기술

세 번째 미션:
뜨거운 고객 100명을 만들어 보자!

앞서 두 번째 미션에서는 잠재고객 100명을 모으고 이들의 DB를 확보하는 방법에 대해 살펴봤다. 이제 이 잠재고객들을 어떻게 따뜻한 고객으로, 나아가 뜨거운 고객으로 전환할 수 있을지 이야기해 보자.

고객 전환은 앞서 언급한 CAP 공식에서 A, 즉 Amplify(신뢰와 가치 전달)에 해당한다. 고객을 초대해 여러분의 레드카펫 위로 올라오게 했다면 이제 그들이 레드카펫에서 이탈하지 않고 끝까지 걸어오게 해야 한다. 그러려면 여러분의 비즈니스 또는 상품이 지닌 가치를 계속해서 전달하는 것이 필요하다.

CAP 공식으로 두 달 만에 30만 원에서 500만 원으로

나는 두 번째 론칭한 강의로 첫 수익을 낼 수 있었다. 광고와 인스타그램을 통해 모은 고객 DB는 58명. 하지만 웨비나 당일 참여한 사람은 15명에 불과했고 유료 강의 신청자는 세 명, 총수익은 30만 원이었다. 물론 첫 강의 론칭 시 전혀 판매가 이뤄지지 않은 것에 비하면 수익을 낸 것만으로도 감사했지만 더 큰 성공을 위해서는 변화가 필요했다.

그로부터 두 달 후 다시 강의를 론칭했을 때는 같은 방식으로 광고를 시작했음에도 203명의 고객 DB를 확보했고 최종적으로 500만 원의 수익을 냈다. 단순히 광고비를 늘리거나 고객 수를 증가시킨 것이 아니라 고객 전환 전략을 완전히 바꾼 덕분이었다.

사실 첫 웨비나 때 약 60명의 고객 DB로는 충분한 전환을 기대하기 어려웠다. 적어도 100명 이상의 고객 리스트를 확보해야 안정적인 전환율을 기대할 수 있다. 또한 나는 웨비나를 처음 시도하면서 한 시간 안에 고객을 설득하려 했다. 첫 라이브 강의를 하다 보니 긴장도 많이 했고 세일즈가 익숙하지 않은 나로서는 나를 알지 못하는 고객들에게 신뢰를 쌓고 강의의 가치를 전달하기에 한 시간은 턱없이 부족했다. 게다가 당시 내가 한 것은 고객 DB를 받은 후 웨비나 당일 강의실 정보를 보낸 것이 전부였다. 고객과 신뢰를 쌓거나 관심을 유지하려는 노력 없이 단번에 구매를 유도하려는 전략은 큰 한계가 있었다.

▶ 고객 전환 전략의 변화가 가져온 결과

항목	첫 웨비나 론칭	첫 부트캠프 론칭
광고 기간	3일(하루 5,000원)	10일(하루 5,000원)
DB 확보 수	58명	203명
소통 빈도	웨비나 당일 1회 안내	고객 DB 등록 직후·전날·당일 총 3회 메시지 발송, 부트캠프 참가자들을 위한 단톡방 운영
무료 강의 제공	한 시간 라이브 웨비나	4주 동안 매주 한 시간씩 부트캠프 형식으로 강의 제공
강의 참여율	약 25%(15명 참석)	약 65%(132명)
후기 및 피드백 활용	없음	매주 강의 참여자의 긍정적인 피드백을 후속 마케팅에 활용
총수익	30만 원	500만 원

두 달 뒤 새롭게 론칭할 때는 이전 론칭에서의 실패를 분석하고 전략을 새로 새웠다. 이전보다 효과적인 광고를 10일로 기간을 늘려 진행하고 총 203명의 고객 DB를 확보했다. DB를 확보한 직후에는 고객과의 소통과 가치 전달에 초점을 맞춰, 환영 메시지와 강의에 대한 기대감을 주는 이메일과 문자를 보냈다. 또한 매주 강의 전날과 강의 당일에도 리

▶ 부트캠프 기간에 받은 후기들

마인드 메시지를 발송했고 부트캠프 참가자들을 위한 단톡방을 운영하며 참가자들과 직접 소통했다.

또한 이번에는 단 한 시간의 웨비나가 아닌 4주간 매주 한 시간씩 부트캠프 형식으로 무료 강의를 제공했다. 이 기간에 매번 100명이 넘는 사람들이 참여했고 각 강의를 참여자들이 실질적으로 적용할 수 있는 내용으로 준비했다. 그 결과 강의를 진행하면서 실시간으로 고객들이 뜨거운 고객으로 변화하는 것을 느낄 수 있을 정도로 반응이 좋았다.

마지막으로 참여자들의 긍정적 피드백과 후기를 SNS와 광고 콘텐츠 등에 적극 활용했다. '이 강의를 듣게 된 것 자체가 행운이었다' 같은 후기들은 이후 진행하는 다양한 강의와 마케팅에 굉장한 자산이 되어 주었다.

　뜨거운 고객은 단순히 내 상품을 구매하는 데서 끝나지 않는다. 그들은 내 강의를 신뢰하고 새로운 고객들에게 긍정적인 추천을 아끼지 않는 브랜드 팬이 된다. 두 번째 론칭의 성공은 단순히 판매 수익을 넘어 이런 팬들을 확보했다는 의미가 있었다.

　이제부터는 차가운 고객을 뜨거운 고객으로 전환하는 다양한 방법들을 알아볼 것이다. 이메일과 SMS, 웨비나, 단톡방, SEO 등 각 도구를 어떻게 활용해야 효과적인 전환이 가능한지 구체적인 예시와 실질적인 팁을 함께 살펴보자. 뜨거운 고객 100명을 만드는 여정은 이제부터 시작이다.

보내면 친해진다,
메시지 마케팅 레드카펫

오늘 아침 스마트폰을 열었을 때 가장 먼저 확인한 알림은 무엇인가? 카카오톡 메시지? 문자 메시지? 많은 사람이 이런 메시지를 확인하며 하루를 시작한다. 그렇다면 고객들에게도 우리의 비즈니스가 이런 메시지가 될 수 있다면 어떨까?

메시지 마케팅은 단순한 알림을 넘어 고객과의 지속적인 관계를 형성하고 신뢰를 쌓으며 구매로 이어지게 만드는 강력한 도구다. 특히 국내에서는 해외에서 오랜 기간 주요 마케팅 수단이었던 이메일보다는 카카오톡, 문자가 주요 채널로 사용된다. 여기서는 바로 이 메시지 마케팅의 강점을 살펴보고 이메일, SMS, 카카오톡 같은 다양한 채널을 활용해 고객과 관계를 맺는 방법을 알아보자.

▶ 메시지 마케팅 레드카펫

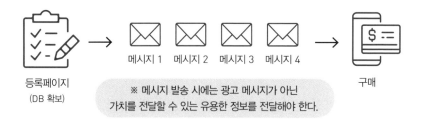

등록페이지
(DB 확보)

메시지 1   메시지 2   메시지 3   메시지 4

구매

※ 메시지 발송 시에는 광고 메시지가 아닌
가치를 전달할 수 있는 유용한 정보를 전달해야 한다.

고객에게 말을 걸어야 관계가 시작된다

고객을 끌고, 붙잡고, 이끄는 메시지의 장점

마케팅 광고는 잠깐의 관심을 끌지만 메시지는 지속적인 관계를 만든다. 고객은 개인적인 메시지를 통해 정보를 받으면 발신자가 단순한 판매자가 아닌 신뢰할 수 있는 파트너라고 인식하게 된다. 이런 메시지 마케팅의 장점은 다음과 같다.

- **높은 도달률**: SMS는 90퍼센트 이상의 개봉률을 자랑하며 대부분 고객이 메시지를 받은 즉시 확인한다. 또한 카카오톡은 국내 사용자 대다수에게 도달할 수 있다는 강점이 있다.
- **개인화된 소통**: 고객의 관심사에 맞춘 맞춤형 콘텐츠를 전달할 수 있다(예: '○○○님을 위한 특별한 할인 혜택!' 같은 개인화된 문구).

- **즉각적인 반응 유도:** 한정 할인, 이벤트 공지 등 고객이 바로 행동을 취하게 만드는 메시지 활용하면 구매전환율이 올라간다.

메시지 마케팅의 장기적 가치

메시지 마케팅의 진정한 가치는 단순히 판매를 유도하는 것을 넘어 고객과 장기적인 관계를 형성하는 데 있다. 메시지를 받은 고객은 지금 당장 행동하지 않더라도 브랜드와 연결되어 있다는 느낌을 받는다. 그리고 시간이 지나 그 제품이 필요해졌을 때 고객의 기억 속에서 과거에 받은 메시지가 다시 떠오른다.

가령 세무사가 보낸 '소상공인을 위한 절세 팁' 메시지가 당시엔 필요 없었더라도 세금 신고가 필요한 상황이 되면 그 메시지가 머릿속에서 떠오를 가능성이 크다. 또 할인 혜택 메시지를 받은 고객이 몇 달 후 제품에 관심을 가지면서 메시지를 다시 확인하고 구매로 이어지는 사례가 많다. 이처럼 메시지는 장기적으로 고객과의 접점을 유지하며 더 많은 기회를 창출한다.

정보성 메시지와 프로모션 메시지의 황금 비율, 80:20

메시지 마케팅의 목적은 고객에게 유용한 정보를 전달하고 신뢰를 구축하며 결국 구매로 이어지게 만드는 것이다. 그런데 종종 이 과정에서 단순히 광고성 메시지만을 보내 실수하는 경우가 있다. 기억해야 할 점은 등록페이지에 정보를 남긴 고객들은 아직 차가운 고객이라는 사실이다. 고객이 광고로 느끼는 순간 메시지는 스팸으로 간주되며 관계가 멀어질 수 있다.

정보성 메시지가 80퍼센트, 프로모션 메시지가 20퍼센트를 차지하도록 구성하자. 정보성 메시지가 고객의 신뢰를 쌓고 관심을 유지하게 만든다면 프로모션 메시지는 적절한 시점에 구매를 촉진한다. 예를 들어 세무사라면 '세금 신고 할인' 같은 광고성 메시지보다는 '이번에 바뀐 세금 신고 방법', '부가가치세 셀프 신고 방법', '사업자등록 시 주의할 점' 같은 유용한 정보를 먼저 제공하는 것이 좋다. 이렇게 실질적으로 도움이 되는 정보를 계속해서 받는 고객들은 여러분의 메시지를 스팸이 아닌 유익한 정보라고 느끼고 나중에 받는 프로모션 메시지에도 더 큰 관심을 갖게 된다.

메시지 마케팅 채널별 전략

그러면 이메일, SMS, 카카오톡 등 채널별 메시지 마케팅에 대해 좀 더 구체적으로 살펴보자. 먼저 이메일 마케팅은 깊이 있는 정보를 제공할 수 있고 비용 효율적이라는 점이 장점이다. 뉴스레터, 제품 리뷰, 전문 칼럼 등을 통해 고객에게 브랜드의 전문성과 신뢰를 전달할 때는 이메일 마케팅을 활용하는 것이 좋다. 하지만 이메일 마케팅은 낮은 열람률과 스팸 필터 문제를 해결해야 한다. 고객의 흥미를 끌기 위해 간결하고 주목성 있는 제목을 사용하고 내용은 가독성이 높은 디자인으로 구성해야 한다.

SMS 마케팅은 높은 개봉률(90퍼센트 이상)과 즉각적인 전달력이 장점이며 긴급 알림, 한정 혜택 전달에 효과적이다. 예를 들면 '오늘 자정까지 사용 가능한 10퍼센트 할인 코드!(코드: SAVE10)'와 같이 사용한다. 그러나 지나치게 잦은 발송은 고객에게 피로감을 줄 수 있으므로 발송 빈도를 조절해야 한다.

국내에서 가장 널리 사용되는 플랫폼인 카카오톡은 높은 사용자 도달률을 자랑한다. 고객과의 소통 채널로 활용하기 적합하며 이미지, 동영상, 링크를 통해 더 풍부한 정보를 제공할 수 있다. 예를 들면 '새롭게 출시된 강의를 만나 보세요! 지금 등록하고 10퍼센트 할인 혜택 받기→링크'와 같은 맞춤형 메시지로 고객 참여를 유도한다.

메시지 마케팅은 단순히 정보를 전달하는 것이 아니라 고객과의 관계를 장기적으로 유지하고 더 많은 기회를 만들 수 있는 강력한 도구다. 각 채널의 장점을 극대화하고 고객의 신뢰를 쌓는 데 초점을 맞춘다면 메시지 마케팅은 비즈니스 성장의 중요한 레드카펫이 될 것이다.

나의 첫 책《나는 아프리카에서 지식창업으로 성공했다》에서는 이메일 마케팅을 설명했으니 이 책에서는 카카오톡 마케팅 레드카펫을 활용하는 실질적인 방법을 소개하겠다. 현재 여러 브랜드에서도 적극적으로 활용 중인 툴인 만큼 잘 활용하길 바란다.

▶ 이메일, SMS, 카카오톡 마케팅의 특성 비교

도구	장점	단점	추천 상황
이메일	• 긴 형식의 콘텐츠 전달 가능(뉴스레터, 제품 리뷰 등) • 상대적으로 저렴한 비용 • 대량 발송 및 성과 분석 용이	• 낮은 수신율(열람률 약 20%) • 스팸 필터로 인해 도달률 저하 • 긴급한 정보 전달에 비효율적	• 깊이 있는 정보를 제공할 때 • 브랜드 신뢰를 구축할 장기 콘텐츠가 필요할 때
SMS	• 높은 개봉률(약 90% 이상) • 즉각적인 전달과 확인 • 한정된 시간/긴급한 정보 전달에 효과적	• 문자 수 제한으로 상세한 정보 제공 불가 • 자주 발송 시 피로감 유발 가능 • 발송 비용 발생	• 긴급한 정보를 전달할 때 • 한정된 혜택이나 이벤트를 공지할 때 • 빠른 고객 반응이 필요할 때
카카오톡	• 높은 도달률(국내 사용자 대다수 이용) • 이미지, 동영상 등 멀티미디어 활용 가능 • 대화 형식으로 자연스러운 소통 가능	• 대규모 메시지 발송 시 비용 증가 • 광고성 메시지로 인한 피로감 유발 가능	• 시각적 자료가 필요한 캠페인 • 대규모 사용자 기반에 접근할 때 • 자연스러운 소통이 중요한 상황일 때

루이비통이 카카오톡을
무기로 사용하는 법

'루이비통 채널 추가하고 무료 이모티콘 다운받으세요.'

카카오톡 메시지를 확인하던 나는 화면 상단에 뜬 이 신기한 광고를 보고 눈길이 멈췄다. 럭셔리 브랜드인 루이비통이 카카오톡 채널을 활용해 이모티콘 증정 이벤트를 진행하다니! 호기심에 광고를 클릭하니 친구 추가 후 이모티콘을 받는 방법을 확인할 수 있었다.

친구 추가를 하자 루이비통은 나에게 메시지를 보내기 시작했다. 새로 오픈한 스토어 소식, 패션쇼를 실시간으로 볼 수 있는 링크를 보내 주기도 했고 전시회 정보 등 흥미로운 소식을 전해 줬다. 물론 종종 신제품을 보여 주며 나를 유혹하기도 했지만 물건을 팔려고 메시지를 보낸다는 생각보다는 왠지 명품 VIP 멤버로서 메시지를 받는 느낌이었다.

▶ 루이비통의 카카오톡 채널 메시지

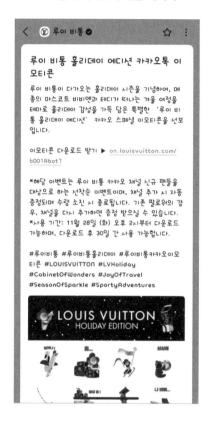

카카오톡 채널에서 CAP 공식 적용하기

이처럼 카카오톡 채널은 단순히 메시지를 발송하는 것을 넘어 메시지 마케팅 기능, '소식'을 통한 SNS 기능, '톡스토어'를 통한 웹사이트 기능까지 모두 갖춘 강력한 디지털 마케팅 플랫폼이다. 이런 이유로 루이비

▶ 루이비통의 카카오톡 마케팅 레드카펫

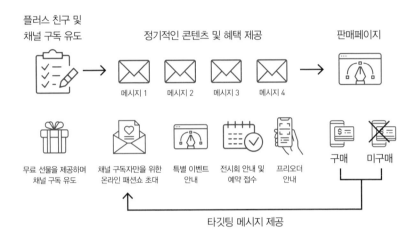

통, 디올, 티파니 같은 명품 브랜드뿐만 아니라 세이브더칠드런, 국방부 같은 기관들도 카카오톡 마케팅을 점차 폭넓게 활용하는 추세다.

국내 사용자 4,200만 명 이상을 보유한 카카오톡은 브랜드와 고객을 연결하는 데 독보적인 장점을 지닌다. 특히 채팅, 메시지, 소식 발행, 예약, 톡스토어 연결 등 다양한 기능을 적절히 활용하면 작은 비즈니스도 대기업 못지않은 효과를 낼 수 있다.

카카오톡 채널 마케팅은 CAP 공식(Collect, Amplify, Propose)을 기반으로 설계하면 고객과의 관계를 심화하고 구매전환율을 극대화할 수 있다. 루이비통이 카카오톡 채널을 효과적으로 활용한 사례를 함께 살펴보면서 이를 어떻게 적용할 수 있는지 살펴보자.

C(Capture): 고객 끌어모으기

카카오톡 채널에서는 친구로 등록된 사람들에게만 메시지, 소식, 혜택을 전달할 수 있다. 따라서 고객들이 친구를 추가하고 채널을 구독할 수 있도록 유도하는 것이 중요하다. 루이비통은 이모티콘 증정 이벤트를 통해 고객이 자연스럽게 채널 친구로 등록하도록 유도했다. 사용자는 혜택을 받기 위해 친구 추가를 하고, 이는 브랜드가 고객과 계속 연결될 수 있는 기반을 만들어 준다.

- **실행 방법:** 이벤트 활용을 기획한다(예: '채널 추가하고 무료 쿠폰/이모티콘 받기!').
- **QR 코드 명시:** 오프라인 매장, 제품 포장, SNS, 웹사이트에 QR 코드를 배치해 고객이 쉽게 추가하도록 만든다(예: 'QR 코드를 스캔하고 채널 추가 시 10퍼센트 할인 쿠폰 제공!').
- **광고 활용:** 카카오톡 광고를 통해 채널 추가를 유도한다. 특히 '카카오톡 비즈보드'를 사용하면 카카오톡 채팅 목록 상단에 노출되어 많은 고객의 반응을 끌어낼 수 있다.

A(Amplify): 신뢰와 가치 전달

앞 단계에서 고객을 끌어모았다면 이제는 고객과 신뢰를 쌓고 가치를 증명할 단계다. 루이비통은 정기적인 메시지 발송과 함께 소식 게시를

▶ 카카오톡 채널 활용 방법

웰컴메시지
쿠폰, 포스트 등 비즈니스 자산을 포함해 채널 추가 시 웰컴메시지로 발송 가능

채널 포스트 홍보
채널 홈에 발행된 포스트를 첨부해 메시지를 발송

이벤트 안내
이벤트, 할인 쿠폰 등 비즈니스에서 제공하는 혜택을 메시지로 안내

응모, 설문조사, 신청/예약 지원
비즈니스 폼을 활용해 고객에게 응모, 설문조사, 신청/예약을 유도

통해 브랜드와 고객의 연결을 강화했다. 즉 메시지와 소식 기능으로 새스토어 오픈 소식, 패션쇼 같은 특별 이벤트 안내, 전시회 안내 및 예약 접수, 프리오더 안내 같은 정보를 정기적으로 공유했다.

- **실행 방법:** 메시지 발송과 소식 게시가 있다. 먼저 실시간 알림이나 공지, 이벤트, 할인 쿠폰, 설문조사 등 다양한 형태의 메시지를 발송한다. 특히 동영상 메시지의 경우 대화창 오픈과 동시에 톡방 상단에서 자동 재생되므로 도달률과 몰입도를 높이는 데 효과적이다. 또한 메시지는 연령, 지역, 성별, 관심 키워드 등 정교한 타깃팅이 가능하다.

또한 소식을 발행하면 채널 홈에 노출되어 카카오톡 사용자에게 내 채널의 소식을 알릴 수 있다. SNS처럼 '좋아요', 댓글로 친구들의 의견을 확인하고, 공유하기를 통해 소식을 확산할 수 있다.

P(Propose): 구매 제안

마지막 구매 제안 단계에서는 고객의 행동 데이터를 기반으로 맞춤형 마케팅 메시지를 보내 구매를 유도한다. 루이비통은 고객의 관심사를 반영한 제품 추천 메시지를 발송하고 클릭 시 바로 온라인 쇼핑몰로 연결시켰다.

• **실행 방법:** 맞춤형 메시지 발송, 즉 고객 행동 데이터를 기반으로 개인화된 메시지를 발송한다(예: '○○○님, 장바구니에 담긴 제품이

곧 품절될 예정입니다. 지금 구매하세요!'). 또한 매장 근처에 있는 고객에게 특별 쿠폰을 제공하는 등의 위치 기반 타깃팅도 있다(예: '○○○점 근처에 계신가요? 오늘만 사용 가능한 20퍼센트 할인 쿠폰을 드립니다').

한편 톡스토어는 카카오톡 채널에서 직접 상품을 판매할 수 있는 전자상거래 플랫폼이다. 톡스토어를 활용하면 별도의 웹사이트나 쇼핑몰 없이 카카오톡 채널 내에서 상품을 등록, 홍보, 판매할 수 있다. 메시지에 톡스토어 링크를 넣어 고객이 즉시 구매할 수 있도록 유도한다(예: '이 상품이 궁금하다면 지금 바로 확인하세요→링크').

카카오톡은 이미 국내에서 가장 널리 사용되는 메신저 플랫폼으로 그만큼 비즈니스 도구로서의 잠재력도 크다. 메시지 마케팅, 소식 기능, 톡스토어 외에도 카카오톡은 광고, 예약, 챗봇 등 비즈니스 오너에게 유용한 솔루션을 제공한다.

루이비통 같은 글로벌 브랜드도 활용하는 이 강력한 플랫폼을 잘 살펴보고 여러분의 비즈니스에 적합한 방식으로 적용해 보자. 작은 비즈니스라도 카카오톡 채널의 다양한 기능을 활용해 대기업 못지않은 고객 경험과 마케팅 효과를 만들어 낼 좋은 기회다.

카카오톡 채널
5분 완성 가이드

작은 가게도 대기업처럼,
카카오톡으로 고객을 사로잡자

준비물 체크리스트

1. 필수 준비물

- 카카오 계정

- 브랜드 로고 또는 대표 이미지

2. (선택 사항) 비즈니스 인증을 위한 추가 자료

- 사업자등록증 또는 고유번호증

- 대표자 신분증

- 업종별 인허가 서류(해당 시)

- (운영 대행사인 경우) 업무 대행 계약서

3. 유의할 점

- 준비물이 없어도 채널은 개설할 수 있지만 비즈니스 인증을 완료하면 더 많은 기능을 사용할 수 있다.

카카오톡 채널 개설하기

1. 카카오톡 채널 관리자 센터(https://center-pf.kakao.com/)에 접속

- 브라우저에서 링크를 열고 카카오 계정으로 로그인한다.

2. 채널 생성 클릭

- 화면 상단의 '채널 만들기' 버튼을 클릭한다.

▶ **카카오톡 채널 개설하기**

3. 기본 정보 입력

- 채널 이름에 브랜드명 또는 비즈니스명을 설정한다(쉽게 인식할 수 있는 이름으로 설정).

- 프로필 사진에는 브랜드 로고나 비즈니스 대표 이미지를 업로드한다.

- 비즈니스에 맞는 카테고리를 선택한다.

4. 운영 정보 설정

- 소개 글에 고객이 채널에서 기대할 수 있는 혜택이나 정보를 간략히 작성한다.

- 운영 시간, 고객 문의 가능 시간을 설정한다.

5. 저장 후 완료

- 저장 버튼을 누르면 기본 채널 개설 완료!

비즈니스 인증으로 더 많은 기능 활용하기

채널 생성 후 비즈니스 인증을 완료하면 톡스토어, 광고 관리, 통계 리포트와 같은 고급 기능을 사용할 수 있으니 사업자등록번호가 있다면 꼭 인증을 받자. 비즈니스 인증 절차는 다음과 같다.

1. 관리자 센터에서 '비즈니스 인증' 메뉴 클릭

2. 사업자등록증 등의 서류 업로드

3. 인증 검토 완료 후 추가 기능 활성화

▶ 카카오톡 친구 추가 이벤트

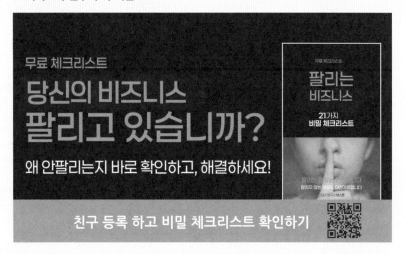

채널 시작 후 해야 할 일

1. 친구 추가 이벤트 설정(예: '채널 추가하면 무료 이모티콘 증정!')

2. 브랜드 프로필 꾸미기: 매력적인 프로필 사진과 소개 글 업로드

3. 채널 친구 추가 링크와 QR코드 배포

4. 첫 소식 게시(예: '채널 추가 감사 쿠폰 증정 이벤트! 지금 바로 확인하세요.')

이제 친구 추가 이벤트로 채널 구독자를 모으고 정기적인 소식과 맞춤형 메시지로 신뢰를 쌓는 것이 가능해졌다. 루이비통처럼 고객과의 연결 고리를 만드는 마케팅을 시작해 보자.

모니터 앞에서 이뤄지는
고객 전환 마법,
웨비나 마케팅 레드카펫

우리 아이들은 목욕하기 전 욕조에서 물놀이하는 것을 무척 좋아했다. 물놀이용품으로 소꿉놀이와 거품 놀이, 물총 놀이 등 여러 놀이를 만들어 놀았다. 둘이 놀다 보면 "조금만 더, 조금만 더!" 하며 30~40분은 금세 지나갔다. 나도 아이들의 까르르 웃는 소리가 듣기 좋아서 매주 두세 번은 목욕을 준비했다.

하지만 아이들이 커갈수록 성별이 다른 두 아이가 언제까지 같이 목욕을 할 수 있을까 하는 고민이 들기 시작했다. 그러던 어느 날 등원 중에 우연히 이런 무료 강의 안내 현수막을 발견했다.

'엄마들을 위한 무료 성교육, 구성애가 알려드립니다.'

마침 딱 필요한 강의였다. 더구나 나의 학창 시절 성교육계에 센세이션을 일으킨 구성애 강사님이 직접 강의를 해주신다니!

강연 당일, 큰아이의 어린이집 친구 엄마들과 함께 강연장을 찾았다. 역시나 비슷한 나이대 여성들이 커다란 홀을 가득 메우고 있었다. 모두 우리 아이들과 비슷한 또래의 아이들을 양육하고 있는 엄마들이었다. 강연 중 알게 된 사실이었지만 미리 써서 제출한 아이들 성교육 관련 질문도 대부분 비슷했다. 모두가 설레는 마음으로 구성애 강사님을 기다리고 있었다.

그런데 강의 시작 시간이 되자 낯선 남자 한 분이 무대에 올라왔다. 마이크를 잡은 그 남자분은 구성애 강사님 강의 시작 전에 한마디만 하겠다며 의아해 하는 우리에게 천천히 본인의 이야기를 시작했다. 내용은 어린이 보험에 관한 이야기였다. 구체적인 내용은 기억이 나지 않지만 아이들의 미래를 위해 어린이 보험을 준비하라는 이야기였다.

관객석에서는 "뭐야, 보험 홍보였어?" 하며 수군거렸지만 결과적으로는 그곳에 모인 인원의 절반 정도가 상담 요청 서류를 제출했다. 사실 처음에는 조금 속은 느낌도 들었다. 하지만 구성애 님의 강의를 들은 후에는 보험 홍보라도 이런 자리를 무료로 만들어 주어 고맙다는 마음이 들었다.

어느 보험사였는지는 잘 기억이 나지 않지만 '엄마들'을 대상으로 한 성교육 강의를 내세워 사람들을 모았다는 점에서 보험사의 마케팅 전략은 매우 영리했다. 보통 보험은 필요하다고 느끼면서도 누가 먼저 "좋은 보험 소개해 줄까요?" 하면 피하고 싶어 한다. 또한 전화해서 무작정 보험 이야기를 꺼내는 경우가 많다 보니 모르는 전화로 걸려 오는 전화는 잘 받지도 않는다.

이렇게 많은 사람이 꺼리는 분야임에도 그들은 구성애 강사를 통해 '어린이 보험'이라는 상품의 타깃에 맞는 사람들만 효과적으로 모았다. 더구나 아이들의 교육과 미래에 관심 있는 엄마들이 스스로 연락처와 이름, 자녀 나이 등의 정보를 남기며 연락을 받겠다며 정보 동의까지 했다. 당일에는 아니어도 추후 연락할 수 있는 고객 정보까지 야무지게 모은 것이다. 수십 명의 텔레마케터나 비싼 광고보다 좋은 효과를 냈다. 이것이 세미나의 힘이다.

오프라인 설명회의 온라인 버전, 웨비나를 잡아라!

우리는 알게 모르게 이런 세미나 마케팅에 참여한다. 학원이나 학습지 회사 등에서 주최하는 '입시 설명회', '취업 설명회', '예비맘 교육' 등. 대부분이 정보 제공에 그치지 않고 본인의 서비스나 상품들을 판매한다. 그럼에도 세미자 참여자들은 만족스럽다. 단순히 사람을 모으기 위해 가치 없는 정보를 주는 게 아니라 본인에게 정말 도움이 되는 정보들을 주는 경우가 대부분이기 때문이다.

이 세미나를 온라인으로 가져온 것이 웨비나다(웨비나는 웹 Web 과 세미나 Seminar의 합성어다). 미국 같은 해외에서는 워낙 국토가 넓다 보니 이미 10여 년 전부터 이런 온라인 세미나 개념이 발달했다. 우리도 코로나 시기를 겪으면서 온라인 특강, 온라인 설명회 등에 익숙해졌다. 온라인으로 비즈니스를 하는 이에게 웨비나는 잠재고객을 효과적으로 모을 뿐 아니라 브랜드 홍보에 아주 효과적인 도구다.

웨비나를 진행하면 잠재고객이 많이 모일 시간과 일정에 맞춰, 공간에 구애받지 않고 세미나를 열 수 있다는 큰 장점이 있다. 특히 나는 아프리카에서 온라인 비즈니스를 시작했기 때문에 오프라인으로 세미나를 열기가 어려웠다. 그래서 자연스럽게 웨비나 방식에 매력을 느꼈고 지금은 웨비나가 내 비즈니스의 필수 도구가 되었다.

내가 국내에서 진행했던 웨비나 중 가장 많은 참여율을 보인 시간대는 저녁 10시였다. 이 시간은 직장인들이 퇴근 후 여유롭게 참여할 수 있는 시간이라 고객들의 호응이 매우 높았다. 또 오전 10시에 진행하는 웨비나도 종종 있는데 이는 주부들을 대상으로 한다. 이 시간대는 엄마들이 아이들을 학교나 어린이집에 보내고 혼자만의 시간을 가질 수 있는 시간이다. 이런 시간의 유연성 덕분에 웨비나는 다양한 고객군의 니즈를 충족할 수 있다.

또한 웨비나는 단발성으로 끝나는 것이 아니라 시리즈 강의로도 진행할 수 있다. 나는 고객들의 피드백을 통해 1회로는 충분하지 않다고 판

▶ 웨비나 홍보 예시

단된 강의는 2~3일 동안 연속으로 진행하기도 한다. 내가 특히 효과를 봤던 웨비나 형식 중 하나는 부트캠프 형식이다. 주제에 따라 매주 한 시간씩 4~8주간 진행하는 방식으로, 고객들이 점진적으로 실력을 쌓을 기회를 주면서 긴밀한 신뢰 관계를 형성할 수 있다는 장점이 있다.

나의 첫 웨비나는 한 시간으로 진행되었고 30만 원의 수익을 냈다. 하지만 이후 진행한 두 번째 웨비나인 '온라인 강의 비즈니스로 수익 내기 부트캠프'에서는 무려 500만 원의 수익을 올렸다. 이 부트캠프에는 온라인 강의 비즈니스에 대해 호기심 있는 사람들이 대부분이었다. 참가자들은 매주 강의를 듣고 내가 내주는 과제를 시행하면서 '실제로 나도 할 수 있겠다'라는 마음을 갖기 시작했고, 한 주 한 주 지날수록 그 가능성은 확신으로 바뀌었다. 그리고 최종적으로 꿈꾸던 비즈니스에 도전하겠다는 결심을 하게 되었다.

이렇듯 웨비나는 자신의 브랜드를 시간과 공간에 구애받지 않고 효과적으로 홍보할 수 있는 수단이다. 그러면 이제 웨비나 레드카펫에 CAP 공식을 적용해 보자.

1. 잠재고객의 참여 유도하기

웨비나에서 많은 고객을 전환하려면 최대한 많은 잠재고객을 참여시키는 것이 시작이다. 잠재고객들이 관심 있어 하는 주제를 잘 선택하고 소셜미디어, SEO, 광고 등을 통해 참가자를 모은다. 이때 웨비나 참여

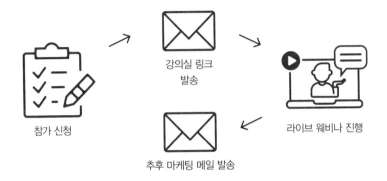

참가 신청

강의실 링크
발송

추후 마케팅 메일 발송

라이브 웨비나 진행

링크를 전달할 수 있는 연락처를 받아 추후 마케팅에 활용할 수 있도록
한다.

2. 웨비나 진행의 핵심은 콘텐츠다

웨비나 중에는 유용한 정보를 제공하며 자연스럽게 제품이나 서비스
를 소개하는 것이 중요하다. 웨비나의 핵심은 콘텐츠다. 고객들이 시간
을 내어 참여한 만큼 기대 이상의 가치를 느낄 수 있는 내용을 준비해야
한다. 제품이나 서비스 소개는 강요가 아닌 자연스러운 흐름에서 진행
되도록 연출하자.

3. 실시간 상호작용으로 고객과 직접 소통하기

라이브로 진행되는 웨비나의 강점은 실시간 상호작용에 있다. 중간중

간 채팅창을 통해 간단한 퀴즈나 설문조사 등을 하면서 소통하는 것이 좋다. 이 과정을 통해 고객의 요구와 관심사를 파악할 수도 있다.

4. 후속 조치로 고객 관계를 강화하라

웨비나가 종료되었다고 해서 퍼널이 끝나는 것은 아니다. 후속 조치를 통해 고객과의 관계를 강화하는 것이 중요하다. 웨비나 종료 후 이메일로 녹화본, 추가 자료, 관련 상품 링크 등을 제공하면서 특별한 혜택이나 후속 강의 정보를 안내한다. 또한 참가자 중 관심을 보였던 고객에게 개인화된 메시지로 구매를 유도하는 것도 좋다. 예를 들어 '참여하신 웨비나에서 소개한 서비스, 지금 등록하면 할인 혜택을 드립니다' 같은 메시지를 보내 보자. 내 경우에는 이 웨비나 후속 조치를 통해 발생한 수익이 전체의 25퍼센트를 차지했다.

웨비나 퍼널은 단순히 라이브 판매나 온라인 프레젠테이션을 넘어 고객 전환을 마법처럼 끌어내는 강력한 도구다. 실제로 나는 웨비나를 진행하면서 차가웠던 고객들이 실시간으로 뜨겁게 바뀌는 모습을 많이 경험했다. 웨비나의 가장 강력한 점은 실시간 상호작용을 통해 고객이 몰입하는 순간이다. 고객은 모니터를 통해 실시간으로 제공되는 가치를 경험하고, 그 경험이 긍정적으로 형성될 때 전환이 자연스럽게 이뤄진다.

만약 웨비나를 직접 진행하는 것이 부담스럽다면 전문가나 강연가를 초대해 진행하는 것도 좋은 방법이다. 구성애 강사를 내세운 보험사의 사례처럼 관련 강사를 초청하면 모객과 전환율 모두에서 효과를 볼 수 있다. 앞서 작가 무료 강의를 진행한 C는 본인이 강의하지 않고 매주 강사를 초청해서 진행했다. 그녀처럼 책을 쓴 저자, 인플루언서, 전문 강사 등을 초빙하는 방안을 고려해 보자.

온라인에서도 줄을 서요, 단톡방 마케팅 레드카펫

특이한 커뮤니티 공간이 있다. 1,000명이 넘게 활동하는 커뮤니티인데도 평소에는 굉장히 조용하다. 흔한 인사말이나 회원 간의 일상 대화도 없다. 그러나 무료 강의 신청 공지가 올라오면 10분 만에 100명 이상이 줄을 서고, 강의가 끝난 후에는 정성 어린 후기들이 줄지어 올라온다. 굉장히 활발한 커뮤니티 같으면서도 그렇지 않은 이곳은 바로 내가 깔아 둔 레드카펫 중 하나인 카카오톡 단톡방이다.

카카오톡 단톡방은 이미 한물갔다고 이야기하는 사람들도 있다. 하지만 나의 단톡방들은 여전히 강력한 마케팅 도구다. 지난겨울에도 4개월 정도 관리한 하나의 단톡방에서 7,000만 원의 수익을 창출했다. 단톡방의 인원이 적으면 그 안에서 소통과 문의 해결이 가능하지만 인원이 수

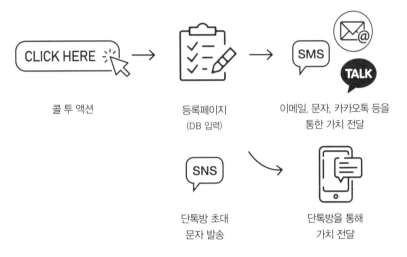

콜 투 액션 　　　등록페이지 　　　이메일, 문자, 카카오톡 등을
　　　　　　　　　(DB 입력) 　　　　통한 가치 전달

단톡방 초대 　　　　단톡방을 통해
문자 발송 　　　　　가치 전달

백 명에서 수천 명에 이르는 단톡방을 효과적으로 관리하려면 전략적인 접근이 필요하다. 이번 장에서는 내가 직접 실행하며 성공했던 단톡방 마케팅 CAP 전략을 소개한다.

C(Capture): 고객 끌어모으기

단톡방 마케팅의 시작은 다른 마케팅과 똑같이 잠재고객의 DB를 확보하는 것이다. 하지만 단톡방 마케팅을 위해서는 잠재고객이 본인 DB를 작성하게 하는 데 그치지 않고, 한 단계 나아가 단톡방 참여를 유도

▶ **단톡방 링크 발송하기**

> 안녕하세요! ♡
> '러셀브런슨의 트래픽 설계 핵심 자료'를 신청
> 하신 이은혜님 반갑습니다. 🏹
> 다음주 부터 '실전 트래픽 설계 무료 강의'를 진
> 행합니다. 강의 신청은 보스랩 비밀 커뮤니티
> 에서 가능합니다. 아래 링크를 눌러 입장해주
> 세요: [카카오톡 단톡방 링크]
> 함께 배우고 성장할 여러분을 응원합니다! ♡
> - 보스언니 -

하는 것이 포인트다. 먼저 위 이미지와 같이 광고를 통해 무료 자료나 강의를 신청한 잠재고객에게 단톡방 링크를 발송한다. 이때 중요한 것이 타이밍인데 고객의 열정이 가장 높은 시점, 즉 등록페이지에 본인의 정보를 남긴 즉시 단톡방 초대 메시지를 발송해야 한다. 시간이 지나면 가입률이 절반 이하로 떨어질 수 있다.

A(Amplify): 신뢰와 가치 전달

나는 이렇게 단톡방에 모인 사람들을 대상으로 무료 강의를 총 15주 정도 진행했다. 처음에는 5주로 시작했지만 반응도 좋고 여러 분야의 정보를 원하는 분들이 많아서 수차례 횟수 연장을 했다. 15주 동안 어떻게 내가 사람들의 관심을 유지하고, 회차가 거듭될수록 빠르게 강의 신청 인원을 모을 정도로 활발한 커뮤니티를 만든 비결은 다음과 같은 단톡방 활용 전략 세 가지에 있었다.

1. 단톡방 관리: 필터링과 질서 유지

단톡방은 다수가 활동하는 공간이기 때문에 관리가 중요하다. 그리고 필수 공지 사항을 반드시 게시한다. 예를 들면 '인사나 일상 대화는 삼가 주세요. 단톡방은 강의 공지와 자료 나눔을 위한 공간입니다'라는 안내를 미리 공지해서 불필요한 대화로 사람들의 피로도를 높이지 않도록 한다. 그리고 불필요한 메시지는 주기적으로 삭제한다. 또한 사전 공지에서 광고 메시지 금지를 명확히 알리고 규칙을 어긴 회원은 단톡방 질서 유지를 위해 강퇴 처리한다.

2. 줄 세우기 전략: 선착순의 심리 활용

사람들이 줄을 서게 만드는 심리는 강력하다. 관심이 없었다가도 사람들이 줄을 서는 것을 보면 왠지 궁금해지는 것이 사람의 심리다. 먼저 강의 주제와 일정과 함께 강의 신청 접수 일정을 미리 공지한다. 그런 다음 '선착순 100명'이라는 제한을 두어 긴장감을 유발한다. 그리고 단톡방 공지에 '줄을 서 주세요!'라는 문구를 추가해 실시간으로 참여를 유도한다.

3. 후기 작성 유도

강의 참여자들의 긍정적인 후기는 참여하지 못한 사람들에게 더 큰 아쉬움을 남기고 다음 강의에 대한 기대감을 준다. 따라서 사람들이 톡방에 후기를 바로 남길 수 있도록 작성 과정을 간편하게 만든다. 그리고 '이번 강의는 정말 유익했어요. 다음 강의도 기대됩니다' 같은 후기를 게시해서 미처 강의에 참여하지 못한 고객의 관심을 끈다.

단톡방 줄 세우기 전략 예시

- 강의를 사전 공지한다.
  '다음 강의는 '배움을 돈으로 바꾸는 노하우'를 주제로 10월 30일 저녁 10시에 진행됩니다. 강의 신청은 10월 25일 오전 11시부터 받겠습니다.'
- 강의 신청을 공지하고 선착순 마감임을 알린다.
  '지금부터 강의 신청을 받습니다. 신청서 작성하시고 단톡방에 줄 서 주세요! 선착순 100명 마감입니다.'
- 모집이 완료되면 공지를 마감하고, 참가자에게 강의 링크를 발송한다.
- 강의 종료 후 단톡방에 후기를 요청한다.

P(Propose): 구매 제안

나는 15주 동안 매주 무료 라이브 강의를 진행하며 참여자들의 요구를 면밀히 파악했다. 시간이 지나면서 점점 더 많은 사람이 강의에 관심을 보이며 참여했고, 중간부터 강의를 듣기 시작한 이들은 놓친 강의의 녹화본을 판매해 달라고 요청했다. 이에 따라 강의 녹화본, 핵심 자료 등을 판매하며 수익이 창출되었다.

강의를 통해 전문성을 느낀 일부 고객들은 일대일 컨설팅을 문의하거나 심화된 유료 강의를 원했다. 이 요구에 맞춰 유료 챌린지, 1Day 특강, 4주 강의, 그룹 컨설팅 등 다양한 유료 프로그램을 기획해 판매했으며 이를 통해 단톡방에서만 약 7,000만 원의 수익을 올렸다.

단톡방 마케팅은 커뮤니티 마케팅의 한 형태로 그 외 다른 커뮤니티 운영 방식에도 응용할 수 있다. 예를 들어 네이버 카페, 페이스북 그룹, 인스타그램 DM 그룹 등 다른 형식의 커뮤니티를 운영하고 있다면 내가 단톡방에서 활용한 전략들을 적용해 보길 바란다. 줄 세우기, 후기 유도, 가치 있는 자료 공유 등의 전략은 다른 플랫폼에서도 효과를 발휘할 수 있다. 단톡방이라는 공간을 넘어 다양한 커뮤니티를 성공적으로 운영하고자 한다면 이 전략을 적극적으로 활용해 보자. 온라인에서도 고객이 줄 서는 순간을 경험할 수 있을 것이다.

'좋아요'가 매출로 바뀌는 순간, 인스타그램 레드카펫

처음에 온라인 비즈니스를 시작하겠다고 결심했을 때 나는 인스타그램을 반드시 활용해야 한다는 조언을 들었다. 당시 인스타그램은 비즈니스와 브랜딩에서 빠질 수 없는 채널처럼 여겨졌다. 그래서 나도 무작정 인스타그램 계정을 만들었고 인스타그램 관련 강의를 들으며 콘텐츠를 올리기 시작했다.

그 시절에도 '한 달 안에 팔로워 1,000명 만들기'나 '90일 만에 1만 팔로워 달성하기' 같은 제목의 강의와 자료들이 넘쳐났다. 나도 팔로워 수를 늘리기 위해 열심히 인기 있는 풍경 사진, 음식 사진, 명언 등을 올리고 다른 계정을 찾아가 선팔(먼저 팔로우)하고 맞팔(상호 팔로우)하며 댓글과 '좋아요'를 남겼다. 하루에도 몇 번씩 인스타그램에 들어가 소통하고 혹시 놓친 것은 없는지 확인하는 데 많은 시간을 투자했다.

그 결과 강의를 론칭할 즈음에는 2,000명 정도의 팔로워를 모을 수 있었다. 강의를 홍보하는 글을 올리자 응원의 댓글이 이어졌다. 하지만 막상 유료 강의를 론칭하자 신청자가 단 한 명도 없었다.

그때 깨달았다. 내가 공들여 모은 2,000명의 팔로워는 사실 내 상품에 관심이 있는 고객이 아니었다는 걸 말이다. 그들은 본인의 팔로워 수를 늘리기 위해 나를 팔로우했을 뿐이었다. 응원의 댓글은 그저 겉치레였던 셈이다.

좋아요 1,000개보다 구매 한 명이 낫다

결국 숫자보다 중요한 것은 찐팬이다. 팔로워 숫자 늘리기에 집착하지 말고 내 상품과 서비스가 필요한 잠재고객을 모으는 데 집중해야 한다. 소통을 위한 콘텐츠는 필요하지만 목적 없이 개수만 늘리는 방식은 효과가 없다. 중요한 것은 '좋아요'를 눌러 줄 팔로워가 아니라 나의 상품과 서비스에 실제로 관심 있는, 그래서 내 상품과 서비스를 구매할 가능성이 큰 사람들이다. 하지만 처음 시작하는 초보자들은 종종 팔로워 숫자 늘리기에만 집중하다가 원하는 성과를 얻지 못하고 좌절한다.

여기서는 브랜딩에서부터 고객 DB 수집, 콘텐츠 계획, 자동화 도구 활용까지, 인스타그램을 비즈니스 도구로 활용하는 방법을 단계별로 소개할 것이다.

1. 인스타그램 계정 브랜딩하기

비즈니스를 위한 계정을 운영할 때 가장 중요한 것은 브랜드 정체성을 명확히 드러내는 것이다. 내 비즈니스가 무엇인지, 고객들에게 어떤 가치를 제공하는지, 다른 비즈니스와 어떤 차별점이 있는지 계정을 방문한 사람이 단번에 이해할 수 있어야 한다.

예를 들어 요가에 관심이 생긴 어떤 사람이 우연히 내 피드(다음 페이지 그림의 두 계정에 빨간색으로 표시된, 공통으로 보이는 이미지)를 보고 더 둘러보고 싶은 마음이 생겨 내 계정에 왔다고 해보자. 그 사람은 두 계정 중 어느 계정을 팔로우할 가능성이 클까?

SNS 채널마다 전략이 다르지만 인스타그램에서 브랜딩하기 위해서는 콘텐츠의 일관성, 콘텐츠의 퀄리티, 콘텐츠의 노출도, 이 세 가지만 기억하면 된다.

- **콘텐츠의 일관성:** 프로필, 피드, 스토리, 하이라이트, 릴스 등 모든 항목에서 일관성 있는 이야기를 해야 한다. 그리고 내 계정에 들어온 사람이 한눈에 그 일관성을 느낄 수 있어야 한다.
- **콘텐츠의 퀄리티:** 고품질의 이미지 사용 및 가치 있는 내용의 콘텐

▶ 사람들은 어느 계정을 팔로우하려고 할까?

츠를 만들어 가치를 제공하도록 해야 한다. 더 보고 싶고 계속 정보를 받고 싶게 만들려면 모든 콘텐츠의 퀄리티가 좋아야 한다. 또한 단순히 제품 사진을 올리는 것이 아니라 스토리텔링을 통해 팔로워와 감정적으로 연결되도록 해야 한다. 예를 들어 요가 강사가 '처음 요가를 시작했을 때의 어려움과 이를 극복한 이야기'를 공유하면 팔로워들은 더 공감하고 관심을 갖는다.

• **콘텐츠의 노출도:** 아무도 찾지 않는 멋진 가게는 의미 없다. 노출이 잘될 수 있도록 계속 포스팅한다. 가령 주 3회와 같이 횟수를 정해 정기적으로 포스팅을 하는 것이 노출에 도움이 된다.

▶ 어느 치킨집 사장님이 올린 튀김기 청소 사진

우연히 온라인에서 '튀김기 청소 인증샷 매일 올렸더니… 그 치킨집 놀라운 근황'[13]이라는 제목의 기사를 읽었다. 광주광역시의 한 프랜차이즈 치킨집 사장님이 매일 청소 인증샷을 인스타그램에 올리기 시작했다고 한다. 처음에는 힘든 시기에 친구들에게 열심히 살고 있다는 걸 보여주고 싶은 마음에서 시작했다. 그러나 매일같이 새 기름으로 치킨을 튀기고 깨끗이 청소하는 모습을 공유한 결과, 온라인에서 '청결하고 믿을 수 있는 치킨집'으로 입소문이 났다. 그래서 청소 일지를 올리기 시작한 지 한 달 만에 매출이 세 배 이상 뛰었다는 것이다.

이 치킨집은 그저 평범한 프랜차이즈 치킨집 중 하나였다. 하지만 매일 깨끗하게 청소하는 모습을 통해 사람들에게 믿음을 주었고, 그 결과 단순한 고객들을 찐팬으로 전환하는 데 성공했다. 나아가 이들이 자발적으로 치킨집을 홍보하면서, 입소문을 통해 더 많은 고객을 끌어모으게 되었다. 바로 이것이 꾸준한 가치 어필의 힘이다.

2. 고객 DB 수집을 위한 콜 투 액션 버튼 연동하기

계정을 열심히 관리하다 보면 어느 날 알고리즘의 도움을 받아 게시물이 많은 사람에게 노출되어 게시물 반응이 커지고 계정 방문자가 늘어나는, 이른바 '대박'의 기회가 온다. 그런데 안타깝게도 생각보다 많은 사람이 그 기회를 기다렸으면서도 놓친다. 그 이유는 콘텐츠를 올리는 데만 신경 쓰고 다음 단계를 준비하지 않기 때문이다. 즉 그 콘텐츠를 보고 찾아온 잠재고객들에게 다음에 어떤 행동을 하라는 콜 투 액션이 없다.

내 계정에 들어온 사람들이 바로 나가지 않도록, 최소한 내 콘텐츠가 마음에 들었다면 팔로워 신청을 하라는 말이라도 해야 기회가 있다. 예를 들어 '연봉 협상 시 절대 하면 안 되는 다섯 가지'란 제목의 피드를 올렸다면 그 피드 아래에 "'연봉 협상 시 해야 할 말과 행동 매뉴얼 북'을 무료로 다운받으세요"라는 콜 투 액션 버튼을 함께 게시해 사람들의 DB 수집을 할 수 있도록 해야 한다.

3. 지속 가능한 콘텐츠 계획 세우기

인스타그램에서 성공적인 비즈니스를 운영하려면 콘텐츠를 꾸준히 업로드하는 전략이 필요하다. 단순히 콘텐츠를 많이 올리는 것이 아니라 정기적이고 체계적인 계획을 세워 올리는 것이 중요하다. 하지만 처음 시작하는 단계에서는 무엇을, 언제, 어떻게 올려야 할지 막막한 경우가 많다.

나 역시 처음 인스타그램을 활용했을 때 매일 무언가를 올려야 한다는 압박감에 아무 사진이나 올리며 시간을 보냈다. 하지만 팔로워들은 관심을 보이지 않았고 나 또한 지쳐 가고 있었다. 지치지 않고 내 비즈니스를 위한 인스타그램을 운영하려면 매주 일정한 주제를 정해 콘텐츠를 업로드하는 계획을 세우는 것이 필요하다.

• **콘텐츠 방향성 설정:** 가장 먼저 해야 할 일은 콘텐츠의 목적과 방향성을 명확히 정하는 것이다. 팔로워들이 내 콘텐츠에서 무엇을 원할지 고민하고 그들이 좋아할 주제를 3~5가지 정한다. 예를 들어 요가 강사라면 요가 팁, 요가 동작, 수강생들의 후기로 포스팅 방향을 정한다.

▶ **꾸준한 업로드를 위한 콘텐츠 캘린더**

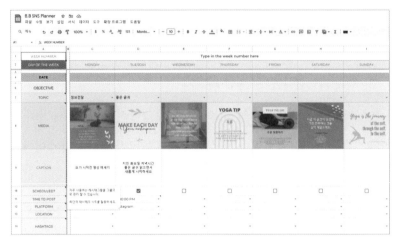

- **정기적인 콘텐츠 발행:** 콘텐츠는 꾸준히 업로드해야 팔로워의 관심을 유지할 수 있다. 일주일에 3회 콘텐츠 발행을 목표로 했다면 무슨 요일 몇 시에 업로드할 것인지를 정해 두고 정기적으로 업로드를 할 수 있도록 하자. 이때 콘텐츠 캘린더를 활용하면 좀 더 체계적으로 운영할 수 있다.

- **팔로워와 소통하기:** 일방적으로 정보를 전달하는 데 그치지 않고 팔로워와의 소통을 시도해야 한다. 콘텐츠를 올린 뒤에는 댓글에 답변하고 DM에 응대하며 팔로워들의 참여를 유도하자. 예를 들어 '여러분은 어떤 요가 동작이 가장 어렵나요?'라는 질문을 릴스나 피드에 올려 팔로워들이 반응할 수 있게 한다.

▶ 인스타그램에서 링크페이지 만들기

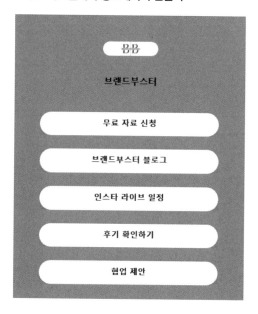

4. 챗봇으로 24시간 응대하기

인스타그램은 많은 장점을 가진 SNS지만 비즈니스 오너가 볼 때 치명적인 단점이 몇 가지 있다. 그중 하나는 본문에 링크를 달 수 없다는 것이다. 인스타그램 내에서 링크는 기본적으로 프로필의 제일 아래쪽에 하나만 남길 수 있도록 되어 있다. 그래서 대부분은 링크를 여러 개 입력할 수 있는 링크트리 linktree, 플로잉스페이스 flowing.space 등의 서비스를 이용해서 활용한다. 이런 툴을 사용하면 위 이미지처럼 원하는 개수만큼 링크를 넣은 페이지를 만들어 명시할 수 있다.

하지만 링크페이지를 만들어도 막상 고객이 신청하거나 등록할 때 절차가 번거롭기 그지없다. 예를 들어 '무료 강의를 신청하세요'라는 글을 보고 신청하려고 하는 잠재고객이 있다고 해보자. 본문의 글을 읽으니 프로필에 있는 링크를 클릭하라고 한다. 링크를 클릭하니 여러 가지 링크가 있는 리스트가 나온다. 그중 '무료 강의 신청' 링크를 찾아서 클릭하니 신청서를 입력하라고 한다. 신청서를 입력하고 자료를 받는다. 고객으로서는 굉장히 번거로운 단계가 아닐 수 없다.

이 문제를 해결하기 위해 인스타그램용 챗봇을 활용하는 것을 추천한다. 매니챗이라는 자동화 도구를 사용하면 잠재고객의 문의나 요청에 실시간으로 응답할 수 있다. 내 피드나 광고, 각종 콘텐츠를 보고 궁금한 점이 생겼는데, 만약 그 순간 적절한 응대가 없다면 고객은 쉽게 이탈할 가능성이 크다. 이때 챗봇이 매우 유용할 수 있다. 챗봇을 통해 고객의 문의를 즉각 처리하고 원하는 정보를 제공하도록 하자.

위의 예시처럼 무료 강의 신청을 받고 있다고 해보자. 고객에게 신청 링크를 찾아가라고 하는 게 아니라 '댓글이나 DM으로 '무료 강의'라고 입력하세요'라고 안내하는 것이다. '무료 강의'라는 글자가 입력되면 자동으로 무료 강의 신청서로 연결되거나 고객의 정보를 묻고 DM으로 강의실 링크까지 발송되도록 설정할 수 있다. 이렇게 자동화해 두면 24시간 즉각적으로 답변을 주기 때문에 신청자의 참여도도 올라간다.

인스타그램은 시각적인 매력이 중요한 플랫폼이기 때문에 한눈에 보

▶ 인스타그램 챗봇 활용하기

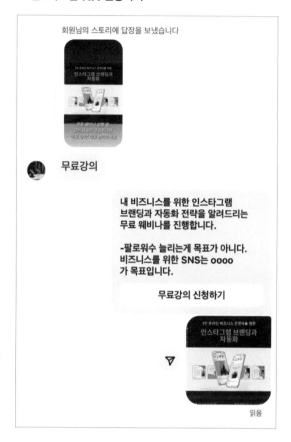

이는 브랜딩을 위해서는 사진, 뉴스피드, 영상 섬네일 등을 전략적으로 준비해야 한다. 다음 팁 페이지에 내가 하루 만에 30일 피드를 완성한 인스타그램 브랜딩 전략을 공유해 놓았다. 디자인 똥손인 나도 했으니, 여러분도 얼마든지 할 수 있다.

하루 만에 끝내는
인스타그램 전략

1인 기업을 운영할 때 SNS 관리가 중요하다는 것은 누구나 알지만 많은 시간과 에너지가 들어가서 어려워하는 경우가 많다. 대기업의 경우 전문 디자이너와 콘텐츠 팀이 관리하지만 소규모 기업은 쉽지 않다. 그래서 내가 추천하는 방법은 한 달 치 피드를 하루이틀 집중해서 만들고 포스팅 예약을 해두는 것이다.

매일 하지 마세요! SNS는 몰아서, 똑똑하게

1단계: 브랜드 시트 만들기

일관성 있고 통일성 있는 디자인을 위해서는 브랜드 시트를 만드는 것이 도움이 된다. 브랜드 시트는 전제적인 브랜드 방향을 잡는 도구다.

▶ 브랜드 시트 예시

COLOR

MAIN COLOR

SUB COLOR

#723F3B   #C2727C   #D7A1B4   #E0B383   #E5CBC9   #E9EBED

FONT

EF_Rebecca

ABCDEFGHIJKLM
NOPQRSTUVWXYZ

abcdefghijklm
nopqrstuvwxyz

0123456789

Pretendard

ABCDEFGHIJKLM
NOPQRSTUVWXYZ

abcdefghijklm
nopqrstuvwxyz

0123456789

CONCEPT

※ 브랜드 시트를 활용하면 새 콘텐츠를 제작할 때마다 일관된 톤을 유지할 수 있어 피드가 하나의 작품처럼 보인다.

내 브랜드를 어떤 분위기로 가져가고 싶은지 경쟁사나 다른 전문 기업들의 계정을 살펴보면서 결정하고 브랜드 시트를 활용하자. 기본적인 콘셉트와 색, 폰트 등을 정해 두고 사용하면 시각적으로 일관성을 줄 수 있다.

예를 들어 코카콜라의 경우 빨간색과 검은색, 흰색이 떠오르고 코카콜라 상표의 글씨체가 떠오른다. 이는 코카콜라 제품 포장뿐만 아니라 각종 광고, SNS에도 모두 똑같이 사용해서 브랜딩을 한 결과다.

브랜드 시트에 포함시킬 요소

- 로고
- 메인 컬러(2~3개)
- 보조 컬러(2~3개)
- 주요 폰트(2~3가지)
- 브랜드 톤 & 매너

2단계: 이미지 콘텐츠 제작

브랜드 시트를 바탕으로 이미지 콘텐츠를 제작하는 단계다. 단순히 사진만을 올릴 수도 있지만 내 상품을 소개하거나 후킹hooking (고객을 낚듯 관심을 끄는 자극적인 문구)되는 문구를 입력하거나 이벤트, 론칭 공지 등을 디자인하는 경우가 많다. 이럴 때 예전에는 포토샵이나 일러스트레이터 같은 전문 디자인 툴을 써야 했다. 하지만 이제는 전문 디자인 툴을 사용하지 않고도 쉽게 디자인을 할 수 있는 툴들이 시중에 잘 나와 있다. 캔바, 미리캔버스, 망고보드mango board 같은 디자인 툴은 무료로 사용할 수 있으며 템플릿을 활용하면 더욱 빠르게 전문가가 만든 듯한 콘텐츠를 완성할 수 있다.

한 가지 팁을 알려 주자면 엣시Etsy나 크리에이티브마켓Creative Market에서 판매하는 템플릿 패키지를 활용하면 다양한 콘텐츠를 손쉽게 제작할 수 있다. 예를 들어 '인스타그램 브랜딩 키트'Instagram Branding Kit 템플릿을 구매하면 100개 이상의 디자인을 간단히 편집해 사용할 수 있다.

3단계: 포스팅 예약하기

위의 방법들을 통해 한 달 치 콘텐츠를 모두 제작했다면 이제 원하는 날짜에 자동으로 게시되도록 예약해 두자. 캔바의 경우 유료 멤버들에 한해 무료로 예약 포스팅 기능을 활용할 수 있다. 디자인 작업과 예약을 한 번에 처리할 수 있어서 편하다. 플래놀리Planoly, 레이터Later 같은 유료 툴은 예약 관리뿐만 아니라 계정 분석과 해시태그 추천 기능도 제공한다.

검색으로 고객이
나를 찾게 하는 비결,
SEO 레드카펫

온라인 비즈니스를 시작할 때 SNS 광고는 빠르고 효과적인 고객 유입 방법이었다. 하지만 광고 비용은 점점 부담으로 다가오고 매출 상승에도 한계가 느껴졌다. 이때 발견한 것이 SEO Search Engine Optimization, 즉 검색엔진 최적화였다. SEO는 검색엔진에 내 콘텐츠를 최적화해서 검색 결과 페이지 Search Engine Results Page, SERP 상단에 노출되도록 하는 작업이다. 고객이 어떤 제품이나 서비스를 찾고자 할 때 가장 먼저 여러분의 제품 또는 서비스를 보게 되는 것이 SEO의 목표다.

SEO로 들어오는 고객들의 특별한 점은 이미 그들이 따뜻한 고객이라는 점이다. 이들은 무엇인가를 필요로 하거나 궁금해서 검색을 통해 스스로 찾아온 사람들이다. 예를 들어 '강아지 영양제 추천'을 검색하는 사람들은 이미 강아지를 키우고 있고 영양제의 필요성을 느끼는 고객들일 가능성이 크다. 이들에게는 영양제가 왜 필요한지부터 설명할 필요가 없다. 따라서 SEO를 통해 들어오는 고객은 구매 전환 가능성이 큰 만큼 반드시 잡아야 한다. 요컨대 SEO는 단순히 구글이나 네이버 검색 상단에 노출되는 것을 넘어 고객이 직접 여러분을 찾아오게 만드는 디지털 레드카펫이라 할 수 있다.

C(Capture): 고객 끌어모으기

SEO의 시작은 고객이 검색하는 핵심 키워드를 찾아내는 것이다. 나도 처음에는 '내가 전하고 싶은 이야기를 쓰면 되겠지'라고 생각했지만 고객의 검색 의도를 정확히 파악하는 것이 SEO 성공의 핵심이었다.

네이버 키워드 도구 활용하기

네이버 광고 계정에서 제공하는 '네이버 키워드 도구'를 통해 사람들이 자주 검색하는 키워드를 찾아보자. 그 방법은 다음과 같다.

1. 네이버 광고 계정(ads.naver.com)에 로그인한다.
2. 상단 메뉴에서 '도구'를 클릭하고 '키워드 도구'를 선택한다.

▶ 네이버 키워드 도구 활용하기

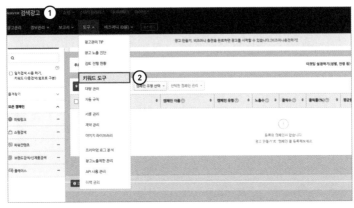

3. 검색창에 내가 분석하고 싶은 키워드를 입력한다.

4. 입력 후 검색량, 클릭률, 경쟁 강도 등의 결과를 확인한다. 월간 검색량으로는 사람들이 한 달 동안 이 키워드를 얼마나 자주 검색했는지 알 수 있으며, 경쟁 강도로는 광고 경쟁 정도를 알 수 있다. 월간 검색량은 1,000~3,000 사이, 경쟁 강도는 낮음~보통 수준의 키워드를 추천한다. 너무 낮으면 유입이 적고, 너무 높으면 경쟁이 심하다.

5. 연관 키워드도 함께 검색해서 더 많은 키워드를 찾아 사용한다.

구글 키워드 플래너 활용하기

구글 애즈 Google Ads 계정으로 접속해서 경쟁도와 검색량을 분석할 수 있다. 예를 들어 '블로그 수익화'로 검색했더니 경쟁도가 낮고 월 검색량 100~1000회를 보이는 것으로 나타난다. 구글 키워드 플래너를 활용해서 경쟁도와 검색량을 분석하는 방법은 다음과 같다.

1. 구글 광고 계정(ads.google.com)에 로그인한다.

2. 왼쪽 메뉴에서 '도구 → 키워드 플래너'를 선택한다.

3. '새 키워드 찾기'를 클릭하고 검색창에 키워드를 입력한다.

4. 월간 검색량 1,000~5,000 사이, 경쟁도 낮음~중간 수준의 키워드를 선택한다.

▶ 구글 키워드 플래너 활용하기

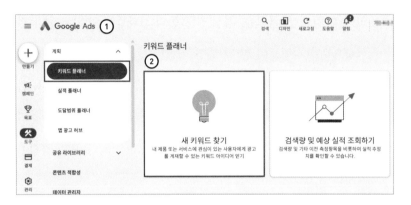

무엇보다 고객이 검색하는 이유를 이해해야 한다. '블로그 수익화'를 검색하는 사람은 이미 블로그 운영에 관심이 있으며 블로그 관련 강의나 SNS 마케팅에 관심이 있을 가능성이 크다. 키워드 아이디어에 해당 단어들을 추가해서 검색해 보면 구매 의도가 높은 고객을 더 효과적으로 끌어올 수 있다.

A(Amplify): 신뢰와 가치 전달

고객이 검색을 통해 내 콘텐츠를 확인했다면 이제 중요한 것은 신뢰를 쌓는 것이다. 무엇보다 고객이 찾는 정보를 정확하게 전달해야 한다.

먼저 제목과 소제목에 키워드를 포함시킨다. 예를 들어 '강아지 비타민 추천! 효과 좋은 제품 다섯 가지'를 제목으로 했다면 소제목으로 '강아지 비타민의 필요성', '비타민 종류별 특징', '추천 제품과 사용법' 등을 넣을 수 있다.

그다음에는 구조화된 글을 작성한다. 구조화된 글은 독자가 읽기 쉽고 검색엔진이 글을 이해하기도 쉬워서 SEO 성과를 높이는 데도 도움이 된다. 일단 글을 큰 주제(제목)와 하위 주제(소제목)로 나눈다. 글의 첫 문장은 고객의 문제를 반영하는 문장을 넣도록 하고, 가독성 있게 한 문단은 3~4줄로 구성한다.

더불어 글에 이미지나 동영상을 포함시키면 독자가 더 쉽게 내용을 이해할 수 있다. 이때 파일명에 키워드를 넣고 ALT 태그[14]를 사용하면 SEO 효과를 극대화할 수 있다. 예를 들면 '강아지-비타민-추천.jpg'라는 파일 이름을 사용하고 ALT 태그에 '강아지 비타민 추천 제품'을 입력하는 것이다.

P(Propose): 고객 행동 유도

SEO는 단순히 검색 결과에 노출되는 것으로 끝나지 않는다. 고객이 콘텐츠를 보고 구체적인 행동을 취하도록 유도하며, 지속적으로 관계를 맺을 방법을 제공해야 효과를 볼 수 있다. 이 단계에서는 고객의 관심을 유지하고 더 깊이 있는 정보로 자연스럽게 연결하는 전략이 중요하다.

1. 내부 링크와 외부 링크 활용하기

고객이 콘텐츠를 읽고 바로 떠나는 것을 방지하기 위해 내부 링크와 외부 링크를 활용할 수 있다. 이때 내부 링크는 고객을 내 사이트의 다른 콘텐츠로 유도해 체류 시간을 늘리고, 외부 링크는 신뢰성을 강화하는 역할을 한다. 예를 들어 내부 링크는 '강아지 건강 관리 팁이 궁금하다면 (강아지 털 관리 방법) 글도 확인해 보세요', '더 많은 강아지 비타민 추천 정보를 보려면 (이 글)을 읽어 보세요'로, 외부 링크는 '비타민 성분에 대한 자세한 정보는 한국동물약품협회에서 확인할 수 있습니다'와 같이 연결할 수 있다. 내부 링크는 같은 주제 내에서 더 깊이 있는 정보를 제공하고, 외부 링크는 신뢰할 수 있는 전문 자료로 연결해 SEO 점수를 높인다.

2. 참여를 유도하는 질문 활용하기

콘텐츠의 끝에 고객의 의견을 묻는 질문을 포함해 참여를 유도하자. 고객이 댓글로 답하거나 이메일로 의견을 보낼 수 있도록 하면 참여도가 올라간다. 예를 들어 '여러분의 강아지는 어떤 비타민이 가장 효과적이었나요? 댓글로 공유해주세요!', '강아지 건강 관리에 대해 더 알고 싶은 주제가 있다면 알려 주세요!'와 같은 질문을 활용할 수 있다.

3. 소셜미디어와 연계하기

SEO로 유입된 고객을 다른 SNS로 연결해 더 많은 콘텐츠를 보여 주고 관계를 이어 갈 수도 있다. 예를 들면 '강아지 건강 관리 팁이 더 필요하신가요? 인스타그램 강아지비타민마스터에서 만나 보세요', '더 많은 추천 정보를 원하시면 페이스북 그룹에 참여하세요!'와 같이 연결할 수 있다.

4. 블로그 성장 측정하기

SEO 전략이 제대로 작동하고 있는지 확인하고 더 나은 결과를 위해 계속해서 개선하는 과정이 필요하다. SEO는 한번 설정하고 끝나는 것이 아니라 데이터를 기반으로 끊임없이 조정해야 효과를 극대화할 수 있다.

먼저 방문자 수와 유입 경로를 분석한다. 네이버 애널리틱스, 구글 애널리틱스로 하루, 주, 월 단위의 방문자 수와 주요 유입 경로를 확인할 수 있다. 예를 들면 '강아지 비타민 추천' 글에서 네이버 검색을 통해 몇 퍼센트가 유입되었는지 점검한다.

그다음에는 키워드 성과를 분석한다. 키워드별 클릭 수, 검색 결과 상위 노출 여부, 클릭률이 분석 항목이다. 구글 서치 콘솔과 네이버 웹마스터 도구를 활용해 키워드별 성과를 분석할 수 있다.

마지막으로 콘텐츠 반응을 점검한다. 댓글 수, 공유 횟수, 평균 체류 시간을 분석하는데, 글의 평균 체류 시간이 3분 이상이라면 독자들이 관심 있게 읽었다는 신호다.

SEO는 광고비 없이도 고객이 찾아오게 만드는 강력한 도구다. 목표 키워드 선정부터 글쓰기, SEO 최적화까지 단계별로 실행해 보고 검색 결과 상위 노출의 기쁨을 경험해 보자. 검색으로 찾아오는 고객은 이미 따뜻한 고객인 만큼 이 기회를 놓치지 말자. 꾸준히 블로그를 관리하고 데이터를 분석하며 전략을 수정해 나간다면 고객이 스스로 찾아오는 온라인 비즈니스의 레드카펫을 완성할 수 있을 것이다.

SEO 레드카펫
CAP 공식 적용 체크리스트

▶ **CAP 공식 적용 체크리스트**

단계	항목	체크
	키워드 선정하기	
	네이버 키워드 도구를 사용해 검색량과 경쟁도를 분석했나요?	
	분석한 키워드의 월간 검색량은 몇 건인가요?	
	구매 의도가 높은 키워드를 선택했나요?	
1단계 고객 끌어모으기 Capture	구글 키워드 플래너를 활용해 분석한 키워드의 월간 검색량은 몇 건인가요?	
	구매 의도가 높은 키워드를 몇 개 선정했나요?	
	잠재고객의 검색 의도 분석하기	
	고객이 무엇을 알고 싶어 하는지 이해했나요?	
	선택한 키워드 뒤에 '추천', '비교', '구매 가이드' 같은 구체적인 단어를 추가했나요?	

단계	항목	체크
	콘텐츠 작성하기	
	제목과 소제목에 주요 키워드를 포함했나요?	
	글을 주제별로 구조화(H1, H2, H3 태그)했나요?	
	한 문단을 3~4줄로 구성해 가독성을 높였나요?	
	작성한 콘텐츠가 고객의 검색 의도에 명확히 부합하나요?	
2단계 **신뢰와 가치 전달** Amplify	주요 키워드가 글의 첫 문장과 마지막 문장에 자연스럽게 포함되었나요?	
	고객이 콘텐츠를 읽고 기대한 대답을 들을 수 있도록 명확한 결론과 제안을 작성했나요?	
	최신 정보를 반영하고, 신뢰성 있는 출처를 포함했나요?	
	이미지 및 동영상 활용하기	
	이미지 파일명에 키워드를 입력했나요? (예: '강아지-비타민-추천.jpg')	
	ALT 태그를 작성해 검색엔진 최적화 효과를 극대화했나요?	
	적절한 위치에 이미지를 배치했나요?	
	내부 및 외부 링크 활용하기	
	관련 글로 연결되는 내부 링크를 추가했나요?	
3단계 **고객의 행동을 유도** Propose	신뢰할 수 있는 외부 자료로 연결했나요?	
	참여를 유도하는 질문하기	
	콘텐츠 끝에 독자의 참여를 유도하는 질문을 포함했나요?	
	소셜 미디어 연계하기	
	SEO로 유입된 고객을 SNS로 연결할 수 있는 링크를 추가했나요?	

단계	항목	체크
4단계 블로그 성장 측정	방문자 수와 유입 경로 분석하기	
	네이버 애널리틱스를 통해 확인한 일일 방문자 수는 몇 명인가요?	
	구글 애널리틱스를 통해 확인한 월간 방문자 수는 몇 명인가요?	
	주 키워드로 인한 유입 비율(%)은 얼마나 되나요?	
	키워드 성과 점검하기	
	구글 서치 콘솔에서 키워드별 클릭 수와 검색 결과 상위 노출 여부를 분석했나요?	
	주요 키워드의 클릭률을 확인했나요?	
	콘텐츠 반응 분석하기	
	댓글 수, 공유 횟수, 평균 체류 시간을 점검했나요? (평균 체류 시간이 3분 이상이면 독자들의 관심을 받고 있다는 신호)	

LEVEL 3

나는
이불 속에서도
돈을 번다

자동 수익 시스템 만들기

슬럼프는
시스템이 없을 때 찾아온다

인스타그램에서 열심히 활동하는 F는 화장품을 판매한다. 50대 후반의 나이인데도 그녀는 하루에 3~4개의 새로운 피드를 포스팅할 정도로 인스타그램을 마케팅 도구로 잘 활용하고 있었다. 주로 '그녀의 동안 비결은 그녀가 판매하는 상품'이라는 내용의 피드를 올리는데, 특히 릴스 도입 초창기에 다양한 릴스를 올려서 팔로워 수를 빠르게 늘렸다. 반응이 좋다 보니 팔로워도 꾸준히 늘었고, 뜻하지 않게 릴스 만드는 방법에 관한 질문도 늘더니 오프라인으로 강의 요청이 들어오기도 했다.

내가 그녀를 만났을 때는 이미 오프라인 강의를 몇 번 해보고 강의에 자신이 붙었을 때쯤이었다. F는 강의는 재미있지만 화장품 비즈니스를 하고 있어서 여러 지역을 돌아다니며 강의하는 게 좀 부담스럽다고 했다. 그래서 나는 우선 온라인 챌린지 형식으로 릴스 강의를 해보는 것을 추천했다. 강의 커리큘럼은 거의 만들어져 있었으므로 웨비나 퍼널을 짜는 것을 알려 주었다. 그녀가 이미 가지고 있던 팔로워들에게 무료 웨비나 일정을 공지하고, 문의가 오는 사람들에게 신청을 받고 강의실 링크를 전달하는 간단한 방식이었다.

그녀는 인스타그램으로 주로 활동을 하기 때문에 거의 모든 문의를 인스타그램 DM으로 관리했다. 이번에도 우선은 기존의 방식대로 DM과 댓글로 신청을 받았고 첫 론칭에서 22명의 유료 챌린지 멤버를 모집했다. 그녀의 챌린지에 참가한 사람들은 대부분 만족했으며 공지 이전부터 다음 챌린지 문의가 들어올 정도로 성공적이었다.

그런데 한 달여 후 연락해 봤더니 그녀는 한숨과 함께 지친 목소리로 하소연을 해왔다. 챌린지가 대박 난 건 좋은데 이번 참가자 수가 100명이 넘어가서 챌린지 신청을 받다 지쳤다는 것이다. 원래 본업인 화장품 판매에는 신경을 못 쓰게 되어 포기하고 싶다고도 했다.

성공보다 중요한 건 '지치지 않는 구조'

강의를 론칭하고 진행하는 것은 사실 온라인 비즈니스에서 큰 부분이 아니다. 오히려 그 외의 부분에서 준비하고 처리할 일들이 많아서 힘든 경우가 많다. 특히 F의 경우 인스타그램 DM으로 문의와 참여 신청을 받고 계좌이체로 비용을 받다 보니 잠재고객 한 명에게 시간과 에너지가 많이 들어갔다. 한 명당 10분을 소비했다면 100명은 1,000분, 대략 16시간 이상의 시간을 신청 과정에 소비한 것이다(안타깝게도 문의와 신청에 들어가는 시간은 10분을 넘는 경우가 더 많다!).

이처럼 1인 비즈니스 오너들이 비즈니스 외 영역에서 쉽게 지치는 이유는 크게 세 가지가 있다.

1. 모든 것은 내가 처리해야 한다는 생각

많은 일을 혼자 처리해야 하는 1인 사업가의 경우 모든 것을 직접 처리하려는 생각에 사로잡히기 쉽다. 대부분 전문 직원을 고용할 수 있을 정도로 초기 자본이 넉넉하지 않아서 필요하다고 생각되는 것들을 직접 배우면서 시작한다. 나도 유튜브에 영상을 업로드하기 위해 영상 촬영 방법, 편집 방법, 섬네일 디자인하는 방법 등을 하나씩 배우면서 일을 시작했다. 하지만 우리는 유튜버가 아닌 사업가이기 때문에 동시에 진행해야 하는 업무가 많다.

모든 분야에서 전문가가 되는 건 어렵다. 모든 것을 직접 배워서 처리하겠다고 생각하지만 다양한 분야를 단기간에 익히는 것은 어렵고, 전문가의 수준으로 구현하기는 불가능에 가깝다. 이럴 땐 내가 잘하는 것과 그렇지 못한 것을 구분해서 대체 방법을 모색하는 것이 좋다. 크몽이나 탈잉, 숨고 같은 툴에서 검색해 보면 내게 필요한 전문적 능력을 찾을 수 있다. 그들에게 일부를 의뢰하고 내가 할 수 있는 일들을 하는 게 지치지 않고 앞으로 나아가는 방법이다.

2. 업무에 대한 과도한 집착

회사에 다니면 오전 9시부터 저녁 6시까지 일하지만 내 사업을 하면 24시간 일을 하게 된다는 이야기가 있다. 직장인들은 각자 주어진 일을 주어진 시간에 끝내고 쉬면 된다. 하지만 내 비즈니스를 운영하면 24시간 내내 일에 대해 생각할 수밖에 없다. 내가 생각하는 성공을 위해 완벽하게 일을 처리하고자 더 많은 시간과 에너지를 쏟게 된다. 물론 성공을 위해 집중하는 것은 좋다. 아니, 꼭 필요한 부분이다. 하지만 과도한 집착은 업무와 일상의 균형을 깨뜨릴 수 있다.

나도 성공을 위해 업무에 매달리다 보니 나도 모르게 일에 집착하게 되었다. 아이들과 함께하는 시간이 소중해서 온라인 비즈니스를 시작했는데 어느 순간 "엄마는 바쁘니까 너희끼리 놀고 있어."라고 아이들에게 말하는 나를 발견하곤 했다. 아이들과 소중한 시간을 지키고 싶다는 생각과 비즈니스를 반드시 성공시키고 싶다는 생각이 충돌하면서, 이건 내가 꿈꾸던 비즈니스가 아니라는 생각에 점점 지쳐 갔다.

그래서 나는 온라인 비즈니스를 시작하는 이들에게 하루에 한두 시간 정도만 투자하라고 한다. 그 정도면 충분하다. 초반에는 장밋빛 미래를 꿈꾸며 의욕에 불타는 사람들이 많다. 하지만 비즈니스는 장기전이기 때문에 초반에 무리해서 달리면 곧 지치고 포기하게 된다. 그러지 않으려면 미리 탄탄한 계획을 짜두고 시간을 관리하는 것이 중요하다.

3. 기술 및 도구 활용 부족

G는 수강생들이 매일 운동 미션을 수행했는지 여부를 단톡방에 사진을 올려서 인증하는 방식으로 다이어트 챌린지를 진행했다. 미션 완료 퍼센트에 따라 환급해 주는 시스템이었기 때문에 10명 내외 참가자들의 인증 여부를 한 달간 매일 체크하고 있었다.

처음에는 운동하는 모습을 사진 찍고 인증 성공률에 따라 참가비로 지불한 금액을 환급받는 시스템이 동기부여가 되어 꽤 인기를 끌었다. 하지만 참가자들의 인원수가 30명을 넘어가고 진행하는 챌린지의 숫자가 늘어나자 매일 인증 여부를 체크해서 환급액을 계산하는 게 힘들어지기 시작했다. 결국 G는 수익이 적더라도 참가자 수를 제한할 것인지, 아니면 수익을 위해 조금 더 시간을 투자할 것인지 고민에 빠졌다.

내가 안타까워하는 부분이 바로 이런 점이다. 살펴보면 반복적인 작업이나 기술적인 문제는 자동화 도구나 시스템을 통해 충분히 해결할 수 있다. 예를 들어 챌린저스challengers 같은 앱을 사용하면 사진 인증 여부를 체크하고 자동으로 환급금을 계산해 환불까지 진행해 준다. 또한 구글 시트 기능을 활용해서 직접 챌린지 자동화 툴을 만들 수도 있다.

비즈니스를 할 때 필요한 여러 업무를 약간의 사용료를 지불하고 효율적으로 처리할 수 있도록 도와주는 다양한 기술 및 도구들이 국내외에 많이 있다. 예를 들어 웹사이트를 만들고 싶다면 파이썬Python 같은 프로그래밍이나 코딩을 배우지 않아도 완성할 수 있는 웹빌더를 활용해 보자. 웹디자인을 하고자 한다면 포토샵을 배우는 게 아니라 미리캔버스, 망고보드, 캔바 등의 디자인 툴을 활용하는 게 훨씬 효율적이다. 213쪽 팁 페이지에 온라인 비즈니스를 하면서 필요한 툴들을 정리해 두었으니 여러분의 업무에 필요한 것들을 찾아 활용해 보자.

4. 단일 수익원에 의존하기

한 가지 수익원에만 의존하는 것은 비즈니스를 장기적으로 유지할 때 큰 리스크가 될 수 있다. 시장 상황이 변하거나 특정 제품이 갑자기 판로를 잃는 등 수요가 감소할 때 다른 수익원이 없다면 비즈니스 전체가 흔들릴 수 있다. 앞에서 F는 인스타그램을 통해 화장품을 성공적으로 판매하고 있지만 이 수익원에만 의존하고 있기에 인스타그램 알고리즘이 바뀌거나 플랫폼 자체에 문제가 발생하면 타격을 받을 가능성이 크다.

그래서 나도 강의를 하나 만들어서 판매하는 데 그치는 것이 아니라 관련된 전자책 판매, 코칭 서비스, 프로그램 제휴 수수료 등 다양한 수익원을 만들고 있다. 처음에는 하나의 상품에 집중하고 어느 정도 자리가 잡혔다면 수익을 다각화할 방법을 찾기를 바란다. AI나 자동화 툴처럼 생각보다 내가 처리하고 있었던 일들을 더 쉽고 빠르게 처리할 수 있는 툴들이 많이 나오고 있다.

슬럼프를 피하기 위해서는 빠른 성공에 의존하기보다는 꾸준한 준비와 지속적인 노력이 필요하다. 앞서 F의 경우 문의와 신청을 DM으로만 처리하다 보니 시간과 에너지가 과도하게 소모되었다. 하지만 이 문제는 간단한 시스템 도입으로 충분히 해결할 수 있다.

먼저, 인스타그램 DM을 활용하는 경우 매니챗 같은 챗봇을 연동하면 고객 문의와 신청 절차를 자동화할 수 있다. 고객이 특정 키워드(예: '챌린지 신청')를 입력했을 때 자동으로 신청 링크를 보내거나 필요한 정보를 안내해 줄 수 있어, 오너가 직접 하나하나 대응할 필요가 없어진다.

또한 구글 폼으로 신청서를 받는 것도 좋은 방법이다. 신청자가 폼에 정보를 입력하면 자동으로 이메일과 문자를 발송하는 시스템을 연동해 두는 것이다. 이를 통해 신청 절차를 간소화하고 시간을 절약할 수 있다. 이처럼 간단한 자동화 도구와 시스템을 활용하면 F는 본업에 집중할 수 있을 뿐 아니라 더 나은 성과를 낼 수 있을 것이다. 1인 사업가에게 기술은 적이 아니라 든든한 조력자다. 자신의 상황에 맞는 도구를 활용해 반복 작업에서 벗어나 더 창의적이고 중요한 일에 시간을 쏟길 바란다. 그것이 슬럼프를 극복하고 비즈니스를 성장시키는 핵심 열쇠다.

네 번째 미션:
수익 라인을
세 개 이상 구축해 보자!

팀 페리스의 《나는 4시간만 일한다》는 기존의 '일한 시간만큼 성과를 얻는다'는 사고방식을 완전히 뒤집으면서 '주 4시간만 일하기'라는 개념을 제시했다. 이 아이디어는 많은 사람에게 충격을 주었고 동시에 매력적인 목표로 다가왔다.

책에서는 "일을 더 적게 하면서 더 많은 성과를 내는 방법"으로 자동화와 아웃소싱을 활용하라고 강조한다. 특히 인도, 필리핀 등에서 활동하는 저렴한 온라인 비서를 고용해 자신이 해야 할 업무를 맡기는 방법도 소개했는데, 예를 들어 반복적인 이메일 관리, 고객 지원, 자료 정리 같은 일을 온라인 비서에게 위임하면 자신은 더 창의적이고 중요한 일에 집중할 수 있다는 것이다.

`

나는 이 책을 읽고 실제로 책에 소개된 온라인 비서 사이트에 가입해 시도해 봤다. 그러나 당시에는 시스템과 문화적인 차이, 소통의 어려움 등으로 원하는 결과를 얻지 못했다. 그렇지만 이 경험은 중요한 깨달음을 주었다. 바로 나만의 방식으로 자동화와 아웃소싱을 적용하면 충분히 시간을 절약하고 성과를 낼 수 있다는 것이다.

이후 비즈니스 자동화 도구와 프리랜서를 활용하면서 주 4시간만 일해도 비즈니스를 운영할 수 있다는 팀 페리스의 주장이 단순한 이상이 아니라 현실이 될 수 있음을 체감했다. 지금부터 그 방법을 공유하고자 하니 여러분도 이를 통해 더 많은 여유와 시간을 확보하길 바란다.

최소한의 시간으로 최대의 결과를 내는 법

나는 어렸을 때 10원 단위까지 꼼꼼히 용돈 기입장을 작성하는 아이였다. 용돈 기입장을 꼼꼼히 적고 돼지저금통에 저금했지만 장기적인 목표를 갖고 돈을 관리하지는 않았다. 그저 용돈을 받으면 저금을 해야 하고 아껴 써야 한다고만 배웠다. 나이를 먹어 성인이 되었을 때도 마찬가지였다. 저금통이 통장으로 바뀌었을 뿐, 돈 관리법에 대해선 잘 알지 못했다. 적금을 여러 개 들었지만 목표가 뚜렷한 돈들이 아니었기 때문에 그때그때 상황에 따라 또는 기분에 따라 써버리곤 했다. 예를 들면

'곧 적금 만기인데 적금을 타면 여행을 갈까? 부모님께 선물을 할까?' 이런 식이었다.

이 경험들은 나중에 비즈니스를 하면서도 마이너스로 작용했다. 그러나 명확한 목표를 설정하고 자동화 도구 등 레버리지하는 방법을 배우고 나서부터는 돈과 시간 모두를 더 효율적으로 관리하게 되었다. 이제는 단순히 돈을 모으는 게 아니라 비즈니스의 각 과정에 구체적인 목표를 설정하고, 이를 실행하는 데 필요한 기술을 프리랜서와 자동화 도구로 해결한다. 과거에는 무작정 시간과 자원을 쏟았다면 이제는 최소한의 시간으로 최대의 결과를 얻는 방법을 찾는다.

비즈니스 자동화는 반복적인 작업을 시스템과 도구를 통해 자동으로 처리함으로써 더 적은 시간과 노력으로 더 큰 성과를 내는 방법이다. 단순한 관리 작업부터 마케팅, 고객 대응까지 다양한 비즈니스 활동을 자동화하면 그만큼 중요한 일에 집중할 수 있다.

자동화의 핵심은 시간과 효율성의 극대화다. 예를 들어 이메일 마케팅 도구인 메일침프mailchimp는 고객에게 정기적으로 뉴스레터를 발송하거나 특정 이벤트에 맞춰 자동으로 메시지를 보낼 수 있게 해준다. 이 도구를 사용하면 매번 직접 이메일을 작성하고 보내는 시간을 절약할 수 있다. 또한 트렐로Trello 같은 프로젝트 관리 도구는 팀 내 작업 흐름을 시각적으로 정리하고 자동 알림을 통해 각 업무의 진행 상황을 추적할 수 있게 해준다.

재피어 Zapier는 다양한 앱과 도구를 연결해 반복 작업을 자동화할 수 있는 강력한 도구다. 예를 들어 구글 폼에 새로운 신청자 DB가 추가되면 자동으로 문자, 카카오톡으로 메시지를 발송하거나 슬랙 Slack(협업을 위한 커뮤니케이션 도구. 메신저와 프로젝트 관리에 용이하다)에 알림을 보내거나 이메일을 자동으로 정리하는 등 서로 다른 플랫폼 간의 작업을 연동해 처리할 수 있다.

이런 툴들을 사용하면 내가 자는 동안에도 이 툴들이 알아서 DB를 모으고 마케팅을 하는 등 다양한 일을 처리한다. 말 그대로 24시간 내내 비즈니스가 돌아가는 것이다.

여기까지 자동화를 통해 시간을 확보했다면, 이제는 그 시간을 수익 구조를 확장하는 데 써야 할 때다. 콘텐츠 하나로만 수익을 내는 구조는 언제나 불안정하다. 단일 수익 라인에만 의존하면, 하나가 멈출 때 전체 수익이 흔들린다. 그래서 나는 자동화 다음 단계로 '하나의 아이디어로 세 가지 이상의 수익 라인을 구축'하는 구조를 만들기 시작했다.

예를 들어 강의를 만들면 그 내용을 전자책으로도 만들고, 워크북이나 템플릿으로도 이를 확장한다. 워크북을 이메일 구독 리드 마그넷으로 제공하거나, 유료 템플릿으로 전환하기도 한다. 여기에 제휴 링크를 붙이면 또 하나의 수익 라인이 된다. 이렇게 하나의 콘텐츠가 다양한 형태로 재탄생하면 수익도 다양하게 발생한다.

상품도, 기술도 없을 땐 어떻게 해야 할까?

아이들이 돈에 대해 알게 되는 시기가 되어 용돈을 주기 시작하면서 나는 아이들이 어릴 적 나와 같은 실수를 하지 않기를 원했다. 그래서 정보를 찾다 보니 해외에서는 어렸을 때부터 아이들이 버짓 플래너 Budget Planner를 쓰면서 스스로 돈 관리하는 법을 배운다는 걸 알게 되었다. 검색해 보니 이미 엣시 같은 여러 플랫폼에서 다양한 종류의 버짓 플래너들을 판매하고 있었다.

플래너의 경우 집으로 배송되는 완제품이 아니라 집에서 간편히 프린트해서 사용할 수 있는 PDF 파일들이 대부분이기 때문에 구매하고 받는 건 어렵지 않다. 하지만 화폐 단위가 달러로 되어 있는 등 미국 환경에 맞춰져 있어서 마음에 쏙 드는 플래너를 찾지 못했다. 그래서 나와 우리 아이들에게 맞는 플래너를 캔바를 활용해 직접 만들어 보기로 했다.

하지만 두세 시간 시도한 결과 내 능력 밖이라는 것을 깨달았고 디자이너의 도움이 필요하다고 생각했다. 그리고 디자이너에게 의뢰해서 멋진 결과물이 나온다면 나도 엣시에 상품을 올려놓은 사람들처럼 판매도 해야겠다고 생각했다.

나는 나 대신 내가 구상한 상품을 만들어 줄 사람을 찾기로 했다. 그리고 한국에서 플래너 디자이너를 고용하기보다는 이미 이런 버짓 플래너에 대한 이해도나 제작 경험이 있는 디자이너에게 부담되지 않는 가

▶ 디자이너를 고용해 제작한 버짓 플래너

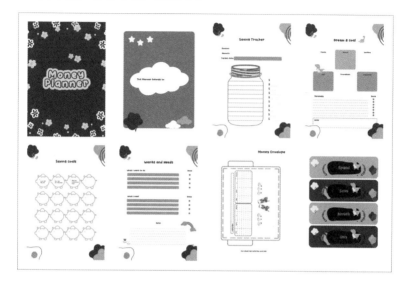

격으로 의뢰하고 싶었다. 그래서 전 세계의 프리랜서들이 모여 있는 사이트인 업워크Upwork에서 디자이너를 찾기로 했다. 업워크에서는 다양한 업종의 프리랜서들 프로필을 확인하고 고용할 수 있다(국내에서는 탈잉, 크몽, 숨고 등의 사이트를 이용하면 된다).

나는 그들이 올려놓은 프로필을 읽어 보고 선택하기보다는 직접 공고를 내고 지원자를 뽑기로 했다. 공고를 낼 때는 내가 원하는 작업 내용과 작업 기간, 예산 등을 구체적으로 명시해야 원하는 전문가를 만날 가능성이 크다. 나는 내가 만들고 싶은 버짓 플래너의 자세한 설명과 함께 작업 기간, 예산 등을 올리면서 포트폴리오를 첨부해 달라고 명시했다.

공고한 지 다섯 시간도 채 되지 않아 30명이 넘는 디자이너들의 지원서를 확인할 수 있었다. 유럽, 북미, 인도, 필리핀, 가나, 브라질 등 전 세계의 지원자들이 포트폴리오를 보내고 지원했다. 지원자 중 두세 명의 디자이너에게 채팅으로 궁금한 점을 물어보고 최종 한 명을 고용했다. 그리고 며칠 뒤 나는 내가 원하는 플래너(네 가지 버전)와 광고 이미지를 받을 수 있었다('단순한 돈 관리뿐만 아니라 꿈과 목표를 함께 관리할 수 있는 버짓 플래너'라는 내용이다).

이처럼 '주 4시간만 일하기'는 단순한 이상이 아니라 충분히 실현 가능한 현실이다. 중요한 것은 내가 해야 할 일과 다른 사람에게 맡길 일을 구분하고 이를 효과적으로 실행할 수 있는 시스템을 구축하는 것이다. 자동화 도구와 프리랜서의 도움을 활용하면 반복적인 작업에서 벗어나 창의적이고 중요한 일에 더 많은 시간을 쏟을 수 있다.

이 과정에서 무엇보다 중요한 것은 적합한 리소스와 도구를 선택하는 것이다. 수많은 도구와 서비스 중에서 어떤 것을 사용해야 할지 막막한 분들도 있을 것이다. 이어지는 팁 페이지에 시간과 노력을 절약할 수 있는 추천 도구 리스트를 정리해 두었다. 각 도구의 사용 목적과 특징을 간략히 설명해 두었으니 필요에 따라 활용하도록 하자.

자동화와 효율성을 높이는 데 유용한 이 리스트를 통해 여러분도 '주 4시간만 일하기'라는 꿈에 한 발 더 가까이 다가가길 바란다.

일의 효율을 높이는
자동화와 툴

▶ **자동화와 효율성을 높이는 유용한 툴**

카테고리	툴 이름	사용 목적 및 설명
이메일 마케팅	메일침프, 컨버트 킷convertkit	이메일 캠페인 관리, 고객 세분화, 자동화 메시지 발송. 정기 뉴스레터와 고객 리마인드 이메일에 유용
웹사이트 제작 도구	윅스, 워드프레스, 카페 24, 아임웹	프로그래밍 없이도 전문적인 웹사이트 제작. 카페24는 e커머스 사이트에 특화
고객 관리 및 응대	카카오 채널톡, 매니챗	고객과의 실시간 채팅, FAQ 자동 응답, 잠재고객 관리 및 리드 전환을 위한 도구
디자인 작업	캔바, 미리캔버스, 망고 보드	간단한 그래픽 디자인 작업. SNS 콘텐츠, 광고 배너, 프레젠테이션 제작 등 다양한 템플릿 제공
SNS 콘텐츠 관리	플래놀리, 버퍼Buffer, 레이터	SNS 콘텐츠 스케줄링, 분석 및 게시 관리. 일정 예약으로 효율적인 마케팅 캠페인 진행 가능

카테고리	툴 이름	사용 목적 및 설명
작업 자동화	재피어	앱과 툴 간 작업을 자동화 (예: 구글 폼에서 데이터 수집 후 자동 이메일 발송)
외주 플랫폼	크몽, 숨고, 업워크, 파이버Fiverr	프리랜서 고용 및 전문 작업 의뢰. 디자인, 콘텐츠 제작, 영상 편집 등 필요한 작업 의뢰 가능
결제 및 송금	페이앱Payapp, 토스, 결제 선생	모바일 간편 결제, 결제 링크 생성 및 송금 관리. 소규모 비즈니스에 적합한 간편 결제 솔루션
온라인 강의 플랫폼	카자비Kajabi, 티처블 Teachable	온라인 강의 제작, 학습자 관리, 강의 수익화 도구. 카자비는 마케팅 자동화 기능도 지원
전자상거래 도구	쇼피파이Shopify, 카페24	온라인 스토어 구축, 상품 관리, 결제 시스템 제공. 카페24는 한국 시장에 특화된 도구
마케팅 도구	페이스북 애즈, 구글 애즈	온라인 광고 캠페인 설정, 타깃팅 및 성과 분석. 특정 고객군을 대상으로 한 효율적인 광고 집행 가능
파일 공유 및 저장소	구글 드라이브, 드롭박스Dropbox	대용량 파일 공유, 클라우드 기반 저장 및 협업 가능. 업무 파일 관리에 유용
설문 조사 및 피드백	구글 폼, 네이버 폼, 타입폼	고객 피드백 수집, 설문조사 및 데이터 분석, 간단한 설문부터 복잡한 설계까지 지원
프로젝트 관리	트렐로, 아사나Asana	팀과의 협업 및 프로젝트 관리. 작업 시각화와 일정 추적, 해야 할 일 관리 지원

세일즈가 두려운
'대문자 I'의 치트키,
에버그린 웨비나

처음 라이브 웨비나를 열던 날을 잊을 수 없다. 참여 신청자는 고작 15명이었지만 화면 앞에 앉아 카메라를 켜는 순간 손이 떨리고 목소리가 흔들렸다. 라이브 시작 버튼을 누르기까지 몇 번이나 심호흡하며 망설였는지 모른다. 머릿속에선 '내가 잘할 수 있을까?'라는 의심이 떠날 줄을 몰랐다.

더 어려웠던 건 세일즈 멘트를 하는 순간이었다. 사람들이 보이는 모니터 앞에서 제품이나 서비스를 소개하는 일은 마치 내 개인적인 이야기를 낯선 사람들 앞에서 꺼내는 것처럼 부담스러웠다. "이제 이 챌린지를 신청하세요!"라는 말을 꺼내는 게 어색해서 간신히 말을 꺼내고도 뒤에 이렇게 덧붙였다.

"꼭 신청하지 않으셔도 괜찮아요."

그 결과 참여자 중 단 두 명만이 상품을 구매했다.

그날의 경험으로 나는 저조한 판매보다 세일즈 자체에 대한 두려움이 더 큰 문제임을 깨달았다. 이때 발견한 것이 에버그린 웨비나 Evergreen Webinar 였다. 라이브로 진행할 필요 없이 미리 녹화한 영상으로 언제든지 웨비나를 진행할 수 있고, 그러면서도 세일즈 메시지를 자연스럽게 전달할 수 있다는 점이 좋았다. 나처럼 세일즈가 두려운 모든 사람을 위한 도구처럼 느껴졌다.

에버그린 웨비나로 나는 더 이상 세일즈 멘트를 직접 하지 않아도 되었다. 고객은 미리 제작된 웨비나를 시청하면서 가치 있는 정보를 얻고 자연스럽게 상품 구매로 이어질 수 있었다. 무엇보다 나 자신도 부담감 없이 더 많은 사람과 연결될 수 있어 큰 도움이 되었다.

직접 팔지 않아도 된다, 웨비나가 있으니까

처음 웨비나를 시작했을 때는 모든 과정이 낯설고 긴장의 연속이었다. 하지만 에버그린 웨비나를 도입한 후부터는 세일즈에 대한 부담감과 시간 투자의 한계를 모두 해결할 수 있었다. 이제 내게 에버그린 웨비나는 단순히 녹화된 영상을 재생하는 시스템이 아니라 고객과의 연결을 지속적으로 유지해 주면서 나를 대신해 세일즈를 진행하는 완벽한 비즈니스 파트너다.

에버그린 웨비나의 진정한 가치는 고객의 입장에서 볼 때 더욱 명확해진다. 고객은 웨비나라는 특별한 경험을 통해 자신의 문제를 해결할 수 있는 유용한 정보를 얻고, 자연스럽게 나의 상품이나 서비스에 관심을 갖게 된다. 무엇보다도 에버그린 웨비나는 고객의 편리함을 극대화하는 방식으로 설계되어 있다. 그러면 에버그린 웨비나를 진행하는 과정에 대해 하나씩 살펴보도록 하자.

1. 강의 신청: 24시간 신청 가능한 웨비나 강의

고객의 여정은 신청페이지에서 시작된다. 이곳에서 고객은 웨비나의 주제와 자신이 기대하는 내용을 확인하고 간단한 정보를 입력해 등록한다. 등록 과정이 간편하다는 점도 좋지만 특히 고객의 입장에서 볼 때 에버그린 웨비나의 가장 큰 장점은 24시간 언제든지 신청하고 바로 강의를 확인할 수 있다는 점이다.

나는 웨비나 시작 시간을 15분 간격으로 설정해 두곤 한다. 고객이 신청한 후 관심이 식기 전에 바로 영상을 볼 수 있도록 설계한 것이다. 시간을 알리는 메시지만 봐도 '웨비나는 내일 저녁 8시에 진행됩니다'보다는 '15분 후 바로 시작되는 웨비나를 놓치지 마세요!'가 훨씬 더 매력적이다.

▶ 에버그린 웨비나의 신청페이지

2. 영상 재생: 원하는 시간에 흥미로운 경험 제공

신청이 완료되면 고객은 웨비나룸에 초대된다. 여기서 미리 녹화된 웨비나 영상이 재생되며 실시간 강의와 똑같이 고객에게 흥미로운 경험을 제공한다.

고객의 입장에서 에버그린 웨비나는 실시간 웨비나와 달리 시간에 구애받지 않는 편리함을 제공한다. 라이브 웨비나는 특정 시간에 참석해야 하지만 에버그린 웨비나는 고객이 원하는 시간에 언제든지 참여할 수 있다. 이는 직장에 다니거나 바빠서 시간을 내기 어려운 고객들에게 특히 매력적이다.

▶ 웨비나 영상 재생하기

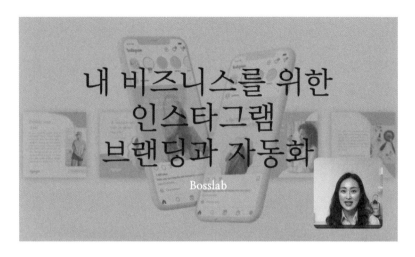

3. 구매 유도: 자연스러운 세일즈 메시지

강의 후반부에서는 상품이나 서비스를 소개하며 고객이 자신의 문제를 해결할 방법을 제시받는다. '이 웨비나에서 배운 전략을 더 깊이 적용하고 싶다면 2주간만 할인된 금액으로 제공되는 온라인 강의를 활용해 보세요'라는 메시지를 자연스럽게 전달하면 강의 내용에 충분히 몰입한 상태에서 거부감 없이 구매를 결정하게 된다.

4. 후속 조치: 구매 후의 신뢰 구축

상품 구매 여부와 관련 없이 웨비나가 끝난 후에도 고객과의 관계를 얼마든지 이어 갈 수 있다. 웨비나가 끝난 후 고객에게 재시청 링크, 추

▶ 판매페이지

가 자료, 다음 단계 등을 안내하면 신뢰를 높이고 장기적인 관계를 구축하는 데 도움이 될 수 있다.

에버그린 웨비나는 단순히 반복되는 작업을 자동화하는 것을 넘어 시간과 공간의 제약 없이 더 많은 고객과 연결되는 기회를 제공한다. 무엇보다 신청부터 강의 시청, 구매까지 모든 과정이 자동화되어 운영자가 반복적으로 시간을 투자할 필요가 없다. 그리고 고객의 입장에서는 원하는 시간에 웨비나에 참여할 수 있어 바쁜 스케줄에도 가능하다. 또한 녹화된 영상은 반복적으로 사용할 수 있어서 꾸준히 새로운 고객을 유치할 수 있으며 고객의 등록률, 이탈률, 구매율을 분석해 주어 강의 내

▶ 신청페이지부터 판매페이지까지, 에버그린 웨비나 레드카펫

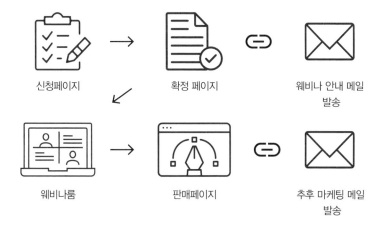

신청페이지   확정 페이지   웨비나 안내 메일
발송

웨비나룸   판매페이지   추후 마케팅 메일
발송

용을 개선할 수 있다.

　에버그린 웨비나는 고객과의 연결, 세일즈, 브랜드 신뢰 구축까지 모든 과정을 완벽히 자동화하는 강력한 도구다. 처음 설정이 약간 복잡해 보일 수 있지만 한번 구축하면 장기적인 비즈니스 성장의 핵심 엔진으로 가능할 것이다. 다음 팁 페이지에는 에버그린 웨비나를 설계하고 실행하는 데 필요한 체크리스트와 가이드를 수록했다. 세일즈에 대한 두려움을 떨치고 지금 바로 시작하는 데 도움이 되길 바란다.

한눈에 보는
에버그린 웨비나 실행 전략

▶ 에버그린 웨비나 설계 및 실행 체크리스트

1. 웨비나 주제와 콘텐츠 준비

☐ **타깃 고객 정의**

　고객의 주요 관심사와 문제는 무엇인가요?

　예: '초보자를 위한 SNS 마케팅 전략'

☐ **웨비나 주제 선정**

　웨비나를 통해 고객이 해결하고자 하는 문제를 명확히 설정했나요?

　예: '한 시간 만에 배우는 효과적인 SNS 광고 기법'

☐ **콘텐츠 제작**

　웨비나에서 다룰 주요 포인트를 정리하고 스토리라인을 구성했나요?

- 도입부: 고객의 문제 인식
- 본론: 문제 해결 방법과 사례 제시
- 결론: 상품 또는 서비스 소개

☐ **영상 녹화 준비**

- 카메라와 조명을 테스트했나요?
- 자연스럽고 프로페셔널한 톤으로 스크립트를 연습했나요?

2. 웨비나 플랫폼 및 기술 설정

☐ **플랫폼 선택**

웨비나 운영을 위한 도구를 선택했나요?

예: 카자비, 에버웨비나, 데미오 등

☐ **녹화 영상 업로드**

- 영상을 플랫폼에 업로드했나요?
- 영상 시작 시간을 15분 간격으로 설정했나요?

☐ **자동화 이메일 설정**

- 신청 확인 이메일이 즉시 발송되나요?
- 웨비나 시작 10분 전에 리마인더 이메일이 발송되나요?
- 웨비나 종료 후 후속 이메일이 자동 발송되나요?

3. 신청페이지 설계

☐ **페이지 제목 작성**

고객의 관심을 끌 수 있는 매력적인 제목을 작성했나요?

예: '지금 신청하고 15분 후에 바로 시작되는 무료 강의!'

☐ **페이지 내용 구성**

- 웨비나의 주제와 기대 효과를 명확히 전달했나요?
- 고객이 얻을 이점을 간결하고 설득력 있게 작성했나요?
- 시각적 요소(이미지, 아이콘)를 추가해 가독성을 높였나요?

☐ **신청 프로세스 확인**

고객이 간단한 정보를 입력하고 쉽게 등록할 수 있나요?

4. 세일즈 전략과 후속 조치

☐ **세일즈 메시지 작성**

고객의 문제를 해결할 구체적인 솔루션을 제시했나요?

예: '이 웨비나에서 배운 전략을 더 깊이 적용하고 싶다면, 할인된 가격으로 제공되는 심화 강의를 활용해 보세요'

☐ **후속 이메일 및 자료 준비**

- 웨비나 참여자에게 추가 자료(체크리스트, PDF 등)를 제공할 계획을 세웠나요?
- 상품 구매를 망설이는 고객을 위한 FAQ를 준비했나요?

☐ **긴급성 강조**

'특가 마감' 또는 '한정된 시간' 같은 요소를 추가했나요?

5. 데이터 분석 및 개선

☐ **등록률 분석**

신청페이지를 방문한 고객 중 몇 퍼센트가 등록했나요?

- 개선 방법: 등록률이 낮다면 제목과 설명을 수정하거나, 페이지 디자인을 최적화하세요.

☐ **시청률 분석**

웨비나 영상의 평균 시청 시간을 확인했나요?

- 개선 방법: 영상의 초반 5분 내 고객의 흥미를 끌지 못했다면 도입부를 수정하세요.

☐ **구매전환율 분석**

웨비나 시청자 중 몇 퍼센트가 상품을 구매했나요?

- 개선 방법: 세일즈 메시지가 충분히 설득력 있는지 검토하고, 후속 이메일을 강화하세요.

▶ **에버그린 웨비나 실행 가이드**

1. 추천 플랫폼

카자비: 올인원 비즈니스 플랫폼으로, 신청페이지부터 웨비나룸까지 간단히 설계 가능

에버웨비나: 에버그린 웨비나에 특화된 플랫폼으로 자동화 기능 강력

데미오: 직관적인 사용자 인터페이스와 다양한 통합 기능 제공

2. 성공적인 웨비나를 위한 팁

1. 현장감을 살려라

'질문은 채팅창에 남겨 주세요!' 같은 멘트를 추가해 실시간 강의처럼 느껴지도록 한다.

2. 타깃팅된 광고를 활용하라

페이스북 광고나 구글 광고를 통해 웨비나를 홍보하면 더 많은 잠재고객을 유치할 수 있다.

3. 강의 후 설문조사를 추가하라

고객이 웨비나에서 얻은 점과 개선할 점을 파악할 수 있다.

※ 이 체크리스트와 가이드는 여러분의 에버그린 웨비나를 성공적으로 운영하는 데 필요한 모든 단계를 포함한 것이다. 프린트해서 사용하거나 디지털 파일로 관리하면서 차근차근 실행해 보자.

자동화로 이뤄 낸 성공,
4주 만에 매출 550만 원 달성

"라이브 강의나 커뮤니티 관리, SNS 활동 없이도 수익을 낼 수 있을까요?"

자동화 도구들을 활용한 수익 창출에 대해 많은 사람이 이런 질문을 한다. 내 답은 퍼널만 잘 설정한다면 당연히 가능하다는 것이다. 나는 챗GPT가 발표된 지 얼마 지나지 않은 시점에 AI 관련 강의와 전자책을 판매하기 위해 브렌든 버처드의 '론치 퍼널'Launch Funnel 전략을 활용했다. 그 결과 4주 만에 550만 원의 매출을 올렸다. 이 퍼널은 특히 강의 같은 지식창업을 하려는 사람들에게 매우 효과적인 방식이다.

브렌든 버처드는 우리나라에서도 《백만장자 메신저》라는 책으로 잘 알려져 있다. 그는 자신의 지식을 활용해서 다양한 강의와 프로그램을 성공적으로 론칭했고 큰돈을 벌어 많은 사람에게 영감을 주고 있다. '론치 퍼널'은 간단히 말해서 먼저 고객에게 가치를 충분히 전달한 후 신뢰를 기반으로 판매로 이어지는 전략이다.

이 퍼널의 핵심은 잠재고객이 무료 콘텐츠를 통해 먼저 도움을 받고 가치를 느낀 다음, 이를 바탕으로 자연스럽게 신뢰가 형성된다는 것이다. 이메일 시퀀스를 통해 자동으로 콘텐츠가 전달되면서 고객은 점차 더 큰 가치를 기대하게 된다. 이처럼 무료 콘텐츠를 통해 신뢰를 형성한 후 유료 상품을 제안하면 고객은 이미 그 가치를 확신하기 때문에 구매로의 전환이 훨씬 자연스럽다.

성과를 만든 두 가지 퍼널 전략

그렇다면 나는 어떻게 이 퍼널을 세팅했고, 구체적으로 어떤 과정들을 통해 이런 성과를 낼 수 있었을까? 나는 두 가지 접근 방식을 사용했다. 첫 번째는 유튜브 콘텐츠를 통해 시작하는 방법이었고, 두 번째는 메타 광고를 활용한 방법이었다.

챗GPT가 각종 매체에서 소개되면서 AI에 대한 사람들의 관심이 커지고 관련 유튜브 콘텐츠들의 유입이 크게 늘었다. 기존에 콘텐츠가 없었거나 전혀 다른 주제를 다루던 채널들도 AI 관련 콘텐츠를 다루면 조

▶ 론치 퍼널을 활용한 AI 강의 및 전자책 판매 과정

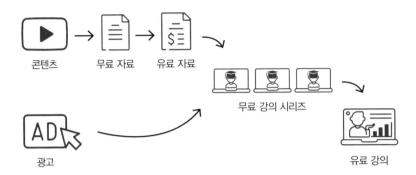

회수가 눈에 띄게 증가했다. 이 기회를 활용해 나도 유튜브에 '챗GPT를 효율적으로 사용하는 방법'을 설명하는 영상을 올렸다.

특히 프롬프트의 중요성을 강조하며 영상 끝부분에 무료 프롬프트 가이드를 제공한다고 안내했다. 이 가이드에는 챗GPT를 더 잘 사용할 수 있도록 도와줄 유용한 프롬프트들이 포함되어 있었다. 이를 받기 위해 잠재고객들은 이메일을 남겼고, 나는 자연스럽게 고객 DB를 구축할 수 있었다. 이 단계에서 중요한 것은 무료로 제공되는 유용한 자료가 신뢰를 쌓는 첫 단계가 되었다는 점이다.

이 PDF 파일 안에는 무료 정보뿐만 아니라 유료 전자책 구매에 대한 안내도 명시해 두었다. 더 깊이 있는 정보를 원하거나 추가적인 지식이 필요하다고 느낀 고객들은 바로 전자책을 구매할 수 있었다. 즉 PDF 제공과 동시에 첫 번째 판매가 이루어지도록 설계한 것이다.

PDF 파일을 전송한 후 나는 이메일로 네 개의 무료 강의를 제공했다. 이 강의는 이틀에 한 개씩 발송되었고, 각 강의는 챗GPT를 잘 활용할 수 있도록 처음 가입부터 다양한 연결 툴 활용법, 미드저니 같은 다른 AI 도구를 활용하는 법까지 담아 구성했다. 잠재고객들은 이메일을 통해 강의 링크를 받고 강의 내용을 통해 나의 전문성을 다시 한번 확인할 수 있었다. 이 과정에서 고객의 신뢰가 더욱 강화되었다.

무료 강의 시리즈가 모두 끝나면 마지막 이메일에서 유료 강의 판매 페이지로 고객들을 유도했다. 앞서 제공된 무료 콘텐츠를 통해 가치를 충분히 느낀 고객들은 자연스럽게 유료 강의를 구매할 준비가 되어 있었다. 이처럼 유튜브 콘텐츠에서 시작해 무료 자료 제공, 무료 강의 전달, 유료 전자책과 강의의 최종 판매로 이어지는 퍼널은 매우 효과적으로 작동했다.

두 번째 방법은 메타 광고를 활용한 퍼널이다. 유튜브 콘텐츠로 시작하는 퍼널과 유사하지만 무료 PDF 파일 제공 단계를 생략한 것이 차이점이었다. 대신 무료 강의 시리즈에 대한 광고를 인스타그램과 페이스북에 게시해서 사람들을 무료 강의로 유입시켰다. 메타 광고는 더 넓은 범위의 사람들에게 직접적으로 내 콘텐츠를 홍보할 수 있는 좋은 수단이었고, 관심 있는 고객들이 강의를 통해 내 전문성을 접한 후 자연스럽게 유료 강의로 이어지도록 해주었다.

이때 중요한 것은 무료 강의에서 충분히 가치를 느낀 사람들은 이미 내가 제공하는 유료 콘텐츠가 도움이 될 것이라는 믿음을 갖고 있었다는 점이다. 나는 절대 서두르지 않았고, 오로지 고객의 필요와 가치를 중심에 두고 나아갔다. 이 과정에서 고객들은 '지금 구매하지 않으면 안 된다' 같은 강한 압박 없이도 자연스럽게 구매를 결정했다.

결과는 놀라웠다. 4주 동안 이 퍼널을 통해 총 550만 원의 매출을 달성했다. 유튜브 콘텐츠와 무료 프롬프트 PDF로 시작한 퍼널은 기대 이상으로 성공적이었다. 특히 무료 강의와 자동화된 이메일 시퀀스는 단순한 정보 전달을 넘어 나와 고객 간의 신뢰를 강화하는 데 큰 역할을 했다. 무엇보다도 판매로 이어지는 과정을 자동화함으로써 내 시간과 에너지를 크게 절약할 수 있었다는 점이 가장 큰 장점이었다.

물론 이 과정에서 배운 점도 많았다. 초기에는 광고 타깃팅이 정확하지 않아서 불필요한 클릭과 자원 낭비가 있었다. 하지만 메타 광고를 통해 더 구체적인 타깃층을 설정하고 그들에게 맞는 콘텐츠를 제공함으로써 성과를 개선할 수 있었다. 이 퍼널이 지식 기반 창업에 특히 효과적이었던 이유는 처음부터 끝까지 고객에게 가치를 제공하면서 신뢰를 형성할 수 있었기 때문이다. 그리고 퍼널의 전 과정이 자동화되어 있었기 때문에 한번 세팅한 후에는 지속적으로 매출을 창출할 수 있었다.

이 퍼널을 자동으로 운영하기 위해 나는 카자비 플랫폼을 사용했다. 카자비는 브렌든 버처드가 퍼널 세팅과 자동화 시스템 구성에 직접 참여해서 만든 도구로, 특히 지식창업을 목표로 하는 사람들이 쉽게 사용

▶ 카자비의 론치 퍼널 세팅 페이지

할 수 있도록 설계되어 있다. 프로그래밍이나 코딩 지식이 전혀 없는 나도 이 툴을 사용해 퍼널을 자동으로 구성할 수 있었다.

이 퍼널 전략을 통해 내가 얻은 결과는 누구라도 똑같이 얻을 수 있다. 중요한 것은 거창한 기술이나 복잡한 시스템이 아니라 퍼널을 통해 고객에게 가치 있는 콘텐츠를 꾸준히 제공하며 신뢰를 쌓는 과정이다. 자동화 수익을 원한다면 이와 같은 퍼널을 통해 시스템을 구축해 보길 바란다. 한번 설정해 두면 자동으로 돌아가는 구조 안에서 지속적으로 수익이 창출되는 걸 목격할 것이다.

"또 올게요!"를 현실로 만드는
CRM 마케팅의 힘

옷 가게에서 고객을 맞이하는 점원의 모습을 떠올려 보자. 이들은 고객이 매장 안에서 무엇을 살펴보는지 유심히 관찰해서 그들이 필요로 하는 것을 알아 낸다. 또 고객에게 직접 "바지를 찾으세요? 아니면 치마를 찾으세요?", "선물하시는 거예요?", "금액은 어느 정도 생각하세요?"라고 물으면서 정보를 얻기도 한다.

이렇게 고객의 취향과 필요를 파악한 뒤 점원은 손님에게 적합한 상품을 추천한다. "이 색상이 고객님께 잘 어울릴 것 같아요. 한번 입어 보세요."와 같이 제안하며 선택을 돕는다. 고객이 가격 때문에 망설이면 할인 상품을 안내하거나 할인 쿠폰을 사용할 방법을 알려 주기도 한다. 또 원하는 색상이나 사이즈가 없으면 나중에 입고되면 알려 주겠다고

하고, 할인 쿠폰을 보내주겠다면서 연락처를 받아서 문자 메시지를 보내 주기도 한다.

이 모든 과정이 바로 CRM Customer Relationship Management 마케팅의 본질이다. 고객이 원하는 것을 파악하고, 이에 맞춘 맞춤형 제안을 하며, 고객이 만족스러운 경험을 통해 다시 찾아오도록 만드는 것이다.

온라인에서도 CRM 마케팅은 같은 방식으로 이뤄진다. 단 점원의 역할을 시스템이 대신한다. 고객을 끌어들이는 데 성공했다고 해서 안심하기는 이르다. 고객이 웹사이트를 둘러보다가 상품을 구매하지 않고 이탈한다면 모든 마케팅 노력이 물거품이 되기 때문이다.[15] 한 연구에 따르면 평균적으로 온라인 쇼핑몰 방문자의 70퍼센트가 상품을 장바구니에 담고도 구매하지 않는다고 한다. 이는 고객의 이탈로 이어지고 결국 매출 손실로 연결된다.

CRM 마케팅은 이런 문제를 해결하기 위한 강력한 도구다. 고객과의 관계를 체계적으로 관리하고 데이터를 기반으로 개인화된 경험을 제공함으로써, 고객 만족도를 높이고 이탈을 방지할 수 있다.

고객에게 다가가는 CRM 마케팅 3단 전략

CRM 마케팅은 단순히 고객 데이터를 저장하고 관리하는 것을 넘어 데이터를 활용해 고객에게 개인화된 경험을 제공하는 데 초점을 맞춘다. 예를 들어 고객이 장바구니에 상품을 담았지만 구매하지 않았다면 '고객님이 담아 둔 상품이 곧 품절될 수 있습니다. 지금 바로 구매하시고 10퍼센트 할인 혜택을 받아 보세요!'라는 문자나 카카오톡 메시지, 앱 푸시 등을 보내는 것이다. CRM 마케팅은 다음과 같은 세 가지 주요 목표를 가진다.

- **고객 이탈 방지**: 고객의 행동 데이터를 분석해 떠날 가능성이 큰 시점을 예측하고 이를 막는다.
- **맞춤화된 경험 제공**: 각 고객의 선호도와 행동을 분석해 그들에게 딱 맞는 제안을 한다.
- **장기적인 관계 구축**: 일회성 고객이 아닌 지속적으로 구매하는 충성 고객으로 전환한다.

CRM 마케팅 1: 팝업

팝업은 고객이 웹사이트를 떠나려는 순간 관심을 붙잡는 강력한 도구다. 예를 들면 고객이 웹사이트를 나가려고 할 때 '10퍼센트 할인 쿠폰을 받으시겠습니까?'라는 팝업을 띄우는 방식이 그것이다. 효과적으로 팝업을 설계하려면 시간 조정에 예민해야 한다. 즉 고객이 방문 후 5~10초 이내 또는 이탈 직전에 팝업이 표시되도록 해야 한다. 그리고

▶ 팝업 마케팅 예시

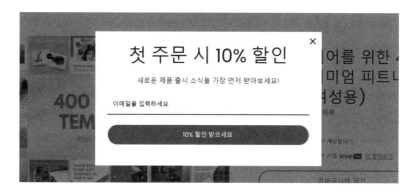

고객에게 제공되는 혜택과 행동을 구체적으로 제시한 명확한 메시지를 보낸다(예: '지금 가입하고 첫 구매 시 무료 배송 혜택을 받으세요'). 그러나 과도하거나 반복적인 팝업은 고객의 불만을 유발할 수 있음을 주의해야 한다.

CRM 마케팅 2: 스티키 바

스티키 바Sticky Bar는 페이지 상단이나 하단에 고정된 알림 창으로, 고객이 웹사이트를 탐색하는 동안 계속 노출된다. 예를 들면 '오늘만! 모든 상품 무료 배송'이나 '5시간 후 할인 종료!' 등이 있다. 스티키 바는 간결함이 생명으로, 한눈에 이해할 수 있는 메시지를 작성하는 것이 중요하다. 그리고 고객이 즉각 행동에 나서도록 콜 투 액션 버튼을 설정해야 한다(예: '지금 구매하기' 버튼).

▶ 스티키 바 마케팅

CRM 마케팅 3: 고객 맞춤형 메시지

고객 맞춤형 메시지는 고객 데이터를 기반으로 개인화된 경험을 제공하는 CRM 마케팅의 핵심이다. 예를 들면 장바구니에 담긴 상품을 기반으로 리마인드 메시지를 발송하거나, 특정 제품을 여러 번 본 고객에게 할인을 제안하는 식이다. 이처럼 개인화된 메시지는 고객의 신뢰를 얻고 전환율을 높이는 효과가 있다.

이탈 방지부터 관계 형성까지, CRM 기본 세팅 완료

막연한 '고객 관리'가 아닌, 성과로 이어지는 CRM 마케팅을 하려면 어떻게 해야 할까? 고객의 마음을 이해하고, 실제 행동으로 연결하는 전략이 필요하다. 실질적인 변화를 이끄는 다음 전략들을 주목해 보자.

손쉬운 플랫폼을 활용하라

온라인 쇼핑몰을 시작할 때 가장 큰 장벽 중 하나는 기술적 복잡함이다. 그러나 카페24는 사용자 친화적인 플랫폼으로 코딩 지식이 없어도 누구나 손쉽게 웹사이트를 만들고 관리할 수 있다. 특히 CRM 마케팅을 실행하는 데 필요한 기본적인 도구와 기능을 제공하기 때문에 복잡한 외부 툴이 더 없어도 필수 마케팅을 효과적으로 설정할 수 있다.

또한 내가 첫 웹사이트 빌더로 카페24를 추천하는 이유 중 하나는 무료로 사이트를 만들 수 있다는 장점이 있기 때문이다. 초기 비용 없이 손쉽게 시작할 수 있어 예산이 한정된 초보 창업자에게 특히 적합하다.

카페24의 주요 장점
- **통합된 도구 제공:** 팝업, 스티키 바, 맞춤형 메시지와 같은 CRM 기능이 기본 내장
- **쉽고 빠른 설정:** 관리자 페이지에서 클릭 몇 번으로 다양한 마케팅 도구를 설정 가능
- **확장성:** 카카오톡 비즈 메시지나 채널톡 같은 외부 도구와 연동 가능
- **카카오톡 채널 연동:** 카카오톡 채널의 CRM 기능과 결합해 맞춤형 메시지 발송, 실시간 소통, 톡스토어와의 연계를 통해 강력한 마케팅 도구로 활용 가능

카페24로 사이트를 만들었다면 이제 CRM 마케팅의 핵심 요소인 팝업, 스티키 바, 맞춤형 메시지를 통해 고객의 이탈을 막고 개인화된 경

험을 제공하며 장기적인 관계를 구축하는 방법을 알아보자.

팝업과 리마인더로 고객의 이탈을 방지하라

먼저 팝업을 활용해 고객의 이탈을 막는 방법을 알아보자. 고객이 특정 페이지를 떠나려 할 때 팝업을 띄워 할인 쿠폰, 무료 배송, 혜택 정보를 제공한다. 설정 방법은 '디자인→ 배너/팝업→ 팝업 등록' 메뉴에서 팝업을 생성하고 특정 조건(예: 이탈 직전)을 정하면 된다. 모바일과 PC에 최적화된 팝업 템플릿을 사용할 수 있다.

또한 고객이 장바구니에 상품을 담은 후 구매하지 않았을 때 이메일이나 SMS로 알림을 발송해 고객 이탈을 막는 방법이 있다. 이 장바구니 리마인더를 설정하려면 먼저 '마케팅→ 자동화 마케팅→ 장바구니 알림' 메뉴로 가서 알림을 활성화한다. 그리고 일정 시간이 지난 후 고객에게 맞춤 메시지로 구매를 상기시키는 글을 작성한다.

고객에게 맞춤화된 경험을 제공하라

고객에게 개인화된 메시지를 발송하는 것으로도 고객 이탈을 막을 수 있다. 고객의 구매 이력, 장바구니 내역, 최근 검색한 상품 등을 분석해 '장바구니에 담은 상품이 오늘 할인 중이에요!'와 같은 맞춤 메시지를 발송하는 것이다. 설정 방법은 '마케팅→ 자동화 마케팅→ 이메일 마케팅' 메뉴에서 고객 세그먼트별로 맞춤 메시지를 작성하면 된다.

또한 고객 그룹(예: 신규 고객, 재방문 고객, VIP 고객 등) 설정 후 해당 그룹에 최적화된 캠페인을 구성할 수 있다. 예를 들면 고객의 최근 구매나 관심 상품을 기반으로 한 추천 시스템을 설정할 수 있는데, '상품 관리→ 상품 추천 설정' 메뉴에서 '연관 상품' 또는 '추천 상품'을 설정한다. 그러면 장바구니 페이지나 결제 완료 후 추천 상품이 표시된다.

장기적인 관계 구축, 고객 관리 및 리워드 프로그램

고객 관리 시스템은 고객의 구매 내역, 관심 상품, 방문 기록 등을 체계적으로 수집하고 관리함으로써 고객 이탈을 막고 VIP 고객에겐 특별 혜택을 제공한다. 설정 방법은 '고객→ 회원 관리' 메뉴에서 고객의 활동 데이터를 확인하고 등급별 혜택을 설정하면 된다(예: 일정 구매 금액 이상 달성 고객에게 쿠폰 자동 지급 등).

리워드 프로그램은 고객이 구매 시 포인트를 적립해 재구매를 유도하는 것으로 '쇼핑몰 설정→ 적립금 관리' 메뉴에서 포인트 적립 기준을 설정할 수 있다. 그러면 고객별 적립금 현황을 확인하고 자동 알림이 발송된다.

또 다른 리마인드 마케팅으로 재구매 알림이 있다. 특정 주기가 지난 고객에게 '재구매 시 할인 혜택' 메시지를 발송하는 것으로서 '마케팅→ 자동화 마케팅→ 재구매 유도 캠페인' 메뉴에서 활성화할 수 있다.

외부 연동 도구를 활용하라

채널톡(Channel.io)은 실시간 채팅과 고객 행동 기반 메시지 발송을 지원하는 프로그램으로 고객이 특정 행동(예: 구매 이탈)을 할 때 즉각적인 맞춤 메시지를 전송한다. 그리고 카카오톡 비즈 메시지는 고객별 구매 이력에 기반한 알림톡을 발송해 주는데, 신규 상품 출시나 이벤트 소식을 개별적으로 전달할 수 있다.

이 장에서 다룬 팝업, 스티키 바, 맞춤형 메시지는 CRM 마케팅의 기본에 해당한다. 고객의 이탈을 방지하고 맞춤형 경험을 제공하며 장기적인 관계를 형성하기 위한 첫 단계다. 앞으로 더욱 다양한 CRM 마케팅 도구와 전략을 익혀 레드카펫에 올라온 고객이 다시 내려가지 않도록 철저히 관리하자. 이제는 내 상품이 없어도 달러를 벌 수 있는 새로운 형식의 레드카펫을 소개할 것이다.

매달 계좌로 달러가 쌓이는 비밀, 어필리에이트 마케팅

　매달 내 페이팔Paypal 계좌에는 달러가 들어온다. 이 돈은 내가 론칭한 강의나 직접적인 판매로 얻는 게 아니다. 내가 추천한 도구나 서비스가 누군가에게 도움을 주어, 이를 통해 자연스럽게 수익이 발생한 것이다. 그 모든 게 바로 어필리에이트 레드카펫 덕분이다.

　처음 어필리에이트 마케팅을 접했을 때는 '정말 이걸로 돈을 벌 수 있을까?' 하는 의문이 들었다. 하지만 간단한 링크 하나에서 시작해 지금은 안정적인 추가 수익을 만들어 내는 강력한 도구가 되었다. 이 장에서는 어필리에이트 레드카펫이 무엇인지, 어떻게 시작할 수 있는지 내가 직접 수익을 낸 실제 사례를 바탕으로 소개하고자 한다.

　어필리에이트 마케팅은 간단히 말해 '추천'을 통해 수익을 내는 구조다. 내가 신뢰하는 제품이나 서비스를 추천하고, 그 추천 링크를 통해 사람들이 구매하면 일정한 수수료를 받는 것이다.

마케팅 인플루언서 팻 플린 Pat Flynn은 현재 어필리에이트 마케팅으로 매달 수만 달러를 벌고 있다. 하지만 그가 처음부터 많은 돈을 번 건 아니었다. 처음엔 그도 작은 블로그에서 시작했다. 당시 그는 직접 경험하고 유용하다고 느낀 도구들을 블로그 독자들에게 추천하기 시작했다.

예를 들어 그는 웹사이트를 만들 때 사용한 블루호스트 Bluehost 라는 호스팅 서비스를 추천했다. 그리고 단순히 '이 호스팅 서비스가 좋아요'라고 말한 게 아니라 이 서비스를 사용해 자신의 블로그를 어떻게 구축했는지 상세히 설명하면서 독자들이 따라 할 수 있도록 가이드를 제공했다. 그의 솔직함과 세심한 설명은 독자들에게 신뢰를 주었고, 많은 사람이 그의 추천 링크를 통해 서비스를 사용하기 시작했다.

플린의 성공 비결은 광고가 아니라 신뢰와 진정성이다. 고객에게 가치를 제공하고, 실제로 도움이 된다는 것을 보여 주었기 때문에 가능한 일이었다.

플린과 같은 다양한 해외 제휴 마케터들의 이야기를 접하고 나서 나도 어필리에이트 레드카펫을 세팅해 봤다. 내가 강의에서 사용하는 카자비라는 도구를 소개했는데, 이것은 내가 온라인 강의 사이트를 어떻게 만들고 시작해야 할지 모를 때 실제로 많은 도움을 준 툴이다. 특별한 디자인 기술이나 코딩 실력이 없어도 랜딩페이지, 에버그린 웨비나

▶ 팻 플린이 사용하는 툴을 안내하는 페이지

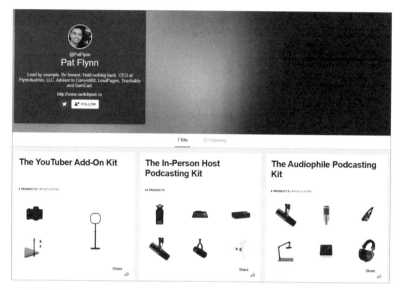

※ 모든 상품에 제휴 링크가 연결되어 있다.

등을 전문가가 만든 사이트처럼 만들 수 있다. 내가 쓰는 마케팅 툴들을 소개하려고 하자 자연스럽게 '이 도구가 얼마나 편리하고 강력한지'에 대해 이야기하게 되었고, 나와 같은 웹사이트를 만들고자 한다면 카자비를 이용해 보라고 추천하게 된 것이다.

　결과는 놀라웠다. 내가 소개한 카자비를 통해 실제로 많은 사람이 웹사이트를 만들어 비즈니스를 시작했고 그 덕분에 나 역시 꾸준히 수익을 내고 있다. 처음엔 단순히 추천만 했던 도구가 이제는 나와 고객 모두에게 든든한 도구가 된 것이다.

내 상품 없어도 돈 버는 어필리에이트 마케팅

어필리에이트 마케팅의 매력은 단순하면서도 효과적인 구조에 있다. 이 과정은 한번 세팅해 두면 자동으로 수익을 창출한다. 이제 어필리에이트 마케팅이 어떻게 작동하는지 한 단계씩 알아보자.

1단계: 자신의 온라인 플랫폼에 제휴 링크를 추가한다

어필리에이트 마케팅은 내가 소유한 온라인 공간에서 시작된다. 블로그, 유튜브, 인스타그램, 이메일 뉴스레터, 강의 등 어떤 플랫폼이든 활용할 수 있다. 추천하려는 제품이나 서비스의 어필리에이트 링크를 콘텐츠에 자연스럽게 삽입한다. 예를 들면 블로그 글에서 특정 제품을 리뷰하거나 유튜브 영상 설명란에 링크를 추가하는 것이다.

2단계: 고객이 여러분의 제휴 링크를 클릭한다

여러분의 콘텐츠에 매력을 느낀 고객이 제휴 링크를 클릭하면 어필리에이트 과정이 시작된다(예: '제가 추천하는 이 툴은 저의 비즈니스를 효율적으로 성장시키는 데 큰 도움을 주었습니다. 지금 바로 확인해 보세요!').

3단계: 고객이 판매자의 사이트를 방문한다

제휴 링크를 클릭한 고객은 자동으로 판매자의 사이트로 이동한다.

▶ 어필리에이트 마케팅이 작동하는 과정

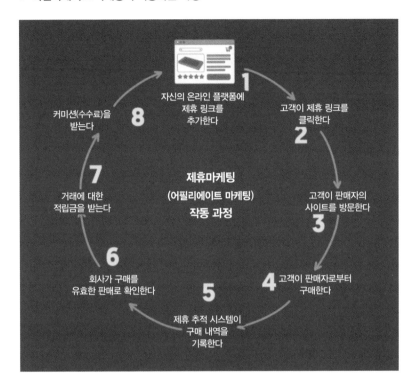

이 과정에서 여러분의 제휴 코드가 함께 전달되어 고객의 구매가 여러분의 추천으로 이뤄졌음을 추적할 수 있다. 고객의 입장에서는 자연스럽게 판매 사이트에 도달하기 때문에 구매에 대한 장벽이 낮아진다.

4단계: 고객이 판매자로부터 구매한다

고객이 판매자의 사이트에서 제품이나 서비스를 구매한다. 고객은 여러분의 콘텐츠를 통해 이미 제품에 대한 신뢰를 형성했기 때문에 구매 결정이 쉽게 이뤄진다. '이 도구가 정말 효과적이라면 나도 써 봐야겠다'는 마음이 들어 구매를 결정한다.

5단계: 제휴 추적 시스템이 구매 내역을 기록한다

구매가 이뤄지면 제휴 추적 시스템affiliate tracking system이 해당 구매를 기록한다. 이 시스템은 고객이 여러분의 링크를 통해 구매했음을 확인하고 모든 데이터를 정확히 저장한다. 이런 추적 시스템 덕분에 누락 없이 수익을 받을 수 있다.

6단계: 회사가 구매를 유효한 판매로 확인한다

구매가 완료된 후 판매자가 해당 거래를 검토해 유효한 판매인지 확인한다. 가령 환불 요청이 없는지, 구매가 정상적으로 처리되었는지 확인하는 단계다. 이 과정은 몇 시간이 걸릴 수도 있고, 일부 플랫폼에서는 며칠이 소요되기도 한다.

7단계: 거래에 대한 적립금을 받는다

회사가 구매를 유효한 판매로 인정하면 여러분의 어필리에이트 계정에 해당 거래 금액이 적립된다. 어필리에이트 플랫폼 대시보드에서 실시간으로 적립금을 확인할 수 있다. 이 단계에서 여러분은 '이 모든 과정이 정말 작동하고 있구나!'라는 성취감을 느낄 수 있다.

8단계: 커미션(수수료)을 받는다

마지막으로, 제휴 판매에 대한 커미션을 받는다. 대부분 경우 커미션은 페이팔 계좌나 은행 계좌로 지급된다. 예를 들어 한 달 동안 여러 건의 구매가 이뤄졌다면 정산 후 수익이 한꺼번에 입금된다.

어필리에이트 레드카펫, 어떻게 시작할까?

어필리에이트 마케팅은 복잡해 보이지만 사실은 간단하다. 내가 추천하는 과정은 다음과 같다.

1. 추천할 제품이나 서비스 선택하기

여러분이 실제로 사용해 보고 좋았던 도구나 서비스를 떠올려 보자. 예를 들면 내가 좋아하는 디자인 툴인 캔바도 훌륭한 어필리에이트 상품이 될 수 있다.

2. 어필리에이트 프로그램에 가입하기

원하는 제품의 공식 웹사이트를 찾아 어필리에이트 프로그램을 확인한다. 'Canva affiliate program'과 같이 검색하면 대부분 쉽게 정보를 찾을 수 있다.

3. 링크 생성 후 콘텐츠에 포함하기

링크를 생성한 뒤 블로그, SNS, 유튜브 등에 자연스럽게 소개해 보자. 내가 카자비를 소개하는 것처럼 그 도구가 여러분의 삶에 어떻게 도움이 되었는지 구체적으로 이야기하는 것이 중요하다.

어필리에이트 마케팅은 단순한 부수입원이 아닌 꾸준하고 안정적인 추가 수익의 기회가 될 수 있다. 무엇보다 중요한 것은 추천하는 제품이나 서비스에 대한 진정성과 신뢰다. 고객이 신뢰를 느낄 수 있도록 직접 경험한 내용을 바탕으로 도움을 줄 수 있는 방식으로 추천을 이어 가야 한다. 여기서 배운 내용을 활용하면 누구나 어필리에이트 레드카펫 위에서 첫걸음을 뗄 수 있을 것이다.

폐업 위기의 플라워숍,
구독 서비스로 다시 서다

작은 플라워숍을 운영하는 H는 점점 줄어드는 매출과 고객 수로 폐업까지 고민하는 상황에 놓였다. 고객의 발길이 줄어드는 매장을 보며 어떻게 하면 새로운 돌파구를 찾을 수 있을지 고민하다 한 손님의 말에 영감을 받았다. "난 기분이 좋지 않을 때는 꽃을 사러 가요." 손님의 이 말을 듣고 그녀는 '꽃을 좋아하는 사람들에게 기분이 좋아지도록 꽃 사진을 올리면 어떨까?'라는 아이디어를 떠올렸다.

이후 H는 매일 꽃다발을 만들어 인스타그램에 사진을 올리기 시작했다. 그리고 꽃의 색감, 조합, 배경 등 디테일을 신경 쓴 사진들 아래에 꽃에 대한 설명과 좋은 글귀를 함께 올렸다. 그러자 콘텐츠에 반응이 조금씩 보이기 시작했다.

콘텐츠에 달린 댓글들을 확인하면서, 그녀는 사람들이 요즘 꽃이 너무 비싸서 자주 살 수 없다고 생각한다는 것을 알게 되었다. 이를 계기로 H는 도매 꽃시장 이용 방법, 비슷해 보이지만 저렴한 꽃 추천, 집에서 간단하게 꽃꽂이하는 방법 등 실용적인 콘텐츠를 제작해 올리기 시작했다. 그중 '적은 비용으로도 예쁜 꽃을 즐기는 방법'은 많은 사람에게 인기가 있었고 덕분에 팔로워 수도 많이 늘었다. 또한 사람들은 그녀의 전문성을 인정했고, 그녀를 믿기 시작했다.

이쯤 되자 H의 플라워숍을 찾는 고객들이 조금씩 늘었다. 하지만 지방에서 꽃집을 운영하다 보니 여전히 판매에 어려움이 있었다. 이런 한계를 극복하기 위해 H는 꽃다발 구독 서비스를 시작했다. 이 서비스는 매번 꽃시장에 갈 수 없는 사람들을 대신해 좋은 품질의 꽃을 합리적인 가격에 가져와서 꽃다발을 만들어 2주 또는 4주 간격으로 배달해 주는 방식이다.

처음에는 스마트스토어에 입점해 판매를 시도했지만 유지 비용과 관리의 어려움으로 큰 성과를 내지 못했다. 그러다 내 추천으로 자신의 주요 채널을 카카오톡 채널로 전환했다. 카카오톡 채널은 고객들과 직접 소통하고 판매를 진행하는 데 매우 효율적이었다.

H의 카카오톡 채널 팔로워들은 인스타그램에서 그녀를 알게 된 사람들과 주변의 입소문을 통해 찾아온 사람들이었다. 이미 그녀의 실력과 감각을 믿고 있는 사람들이었기 때문에 멋진 상품 상세페이지를 준비

하느라 많은 시간을 쓸 필요가 없었다. 새로운 꽃이 발송될 때나 새로운 이슈가 있을 때마다 카카오톡 채널의 '소식' 기능을 활용해 공지하면 되었다.

또한 선주문을 통해 안정적인 매출을 확보할 수 있었던 점도 큰 장점이었다. 이전에는 어버이날, 스승의날, 졸업식, 입학식 시즌처럼 특별한 시기를 준비하면서 재료를 과도하게 구매하거나 예상 판매 수량을 가늠하기 어려워 손해를 보기도 했었다. 하지만 선주문 방식을 도입한 이후에는 정확한 수요를 파악할 수 있었고 필요한 만큼만 재료를 구매할 수 있었다. 선주문으로 받은 예약금은 재료비를 충당하는 데 사용되어 재정 부담도 덜 수 있었다.

카카오톡 채널의 일대일 채팅 기능도 그녀의 비즈니스에 중요한 역할을 했다. 인스타그램 팔로워가 늘어나면서 DM이나 전화를 통한 상품 문의도 늘어났다. 하지만 혼자 모든 채널에서 고객과 소통하는 건 쉽지 않았다. 그래서 그녀는 모든 고객 상담 채널을 카카오톡 채널로 모았다. 한곳에서 관리하다 보니 놓치는 것도 없었고, 자주 묻는 질문 같은 경우 자동으로 답변하도록 해두어 응대 시간을 줄였다. 그리고 이렇게 형성된 고객과의 관계는 높은 재구매율로 이어졌다.

H의 꽃 구독 서비스는 고객들에게 매달 새로운 테마의 신선한 꽃다발을 제공한다. 봄에는 튤립과 라넌큘러스, 여름에는 장미와 유칼립투스 같은 계절별 꽃을 활용해 고객들에게 신선함과 새로움을 안겨 준다. 이

서비스는 '매번 꽃을 선택하고 구매하는 번거로움 없이, 집에서 신선한 꽃을 저렴한 가격으로 받아볼 수 있다'는 점에서 지금도 사람들 사이에서 큰 호응을 얻고 있다.

구독 서비스의 또 다른 장점은 고객 데이터를 기반으로 한 개인화된 서비스다. H는 고객의 선호도를 분석해 맞춤형 제안을 제공하거나, 특정 고객만을 위한 꽃다발을 디자인했다. 특히 계절별 프로모션과 연계한 할인 혜택은 장기 구독 고객을 확보하는 데 효과적이었다. 한 고객은 "매달 꽃을 선물 받는 것도 기분이 좋지만, 결국에는 쓰레기통에 들어가는 포장지들이 아깝기도 하고 환경 문제 때문에 신경 쓰였는데 직접 다듬어서 꽃병에 꽂으니 좋았어요."라는 피드백을 남겼는데, 이는 그녀의 서비스가 단순히 상품을 넘어 감동과 경험을 제공한다는 것을 보여 준다.

H의 성공은 단순히 상품 판매를 넘어선 전략적 실행에서 시작되었다. 그녀는 SNS를 통해 꾸준히 콘텐츠를 올리면서 잠재고객을 모았고, 사람들이 궁금해 하는 점을 파악해 무료로 정보를 제공하며 신뢰를 쌓았다. 꽃시장 도매 구매 방법부터 간단한 꽃꽂이 팁까지, 실질적으로 유용한 정보를 주는 그녀의 콘텐츠는 고객들에게 신뢰감을 주었다.

또한 그녀는 지방에 위치한 플라워숍이라는 비즈니스 단점을 극복하기 위해 온라인 채널을 적극 활용했다. 그녀는 고비용의 웹사이트 대신 카카오톡 채널을 선택해 고객과 직접 소통하고 판매를 진행하는 효율적인 방식을 도입했다. 카카오톡 채널의 소식 기능과 일대일 채팅 기능은 그녀의 비즈니스에 큰 힘이 되었으며, 꽃주문이 몰리는 특별한 날 선주문을 통해 예측 가능한 수익 구조를 만들 수 있었다.

이 사례는 안정적인 수익 라인을 구축하고 자신의 비즈니스에 적합한 도구를 선택해 효과적으로 활용하는 것이 얼마나 중요한지 보여 준다. 여러분도 자신에게 맞는 도구와 방식을 찾아 작게 시작해 보자. 적절한 시스템과 고객 신뢰를 기반으로 한다면 충분히 지속 가능한 성공을 이룰 수 있을 것이다.

LEVEL 4

꾸준한 성장, 나를 브랜드로 만드는 시간

1인 기업가 마인드셋 장착하기

고객이 만족하면
비즈니스는 저절로 성장한다

요즘은 비즈니스의 성공을 '단기간에 얼마를 벌었다'를 기준으로 삼는 경우가 많다. 하지만 지속 가능한 비즈니스를 위해서는 본질을 잊지 말아야 한다. 비즈니스의 생명은 얼마나 고객을 돕고 그들에게 실질적인 가치를 전달하느냐에 따라 정해진다. 고객을 중심에 두고 그들의 문제를 이해하고 해결해 주는 비즈니스만이 긴 호흡을 갖고 지속 가능한 성공을 이룰 수 있다. 이는 단순한 이상론이 아니라 실제로 많은 성공과 실패 사례들이 증명하는 진리다.

고객 중심의 사업을 한다는 것은 나 자신을 단순히 제품을 판매하는 '장사꾼'에서 고객의 문제를 해결하는 '사업가'로 포지셔닝하는 데서 시작한다. 지금 되돌아보면 지식창업 초반에 나는 장사꾼에 가까웠다. 고객 중심의 마인드가 무엇인지 제대로 알지 못했고 '열심히 만든 이 강의가 안 팔리면 어쩌지?'라는 걱정이 항상 앞섰다. 특히 첫 강의를 론칭했을 때는 자신감도 부족해서 '내 강의가 잘 팔릴까?', '사람들이 이 주제를 좋아할까?' 등 여러 가지 고민이 많았다. 그러면서도 '열심히 준비했으니 론칭만 하면 대박도 칠 수 있지 않을까?' 하고 막연히 기대했다. 그렇게 고객이 아닌 내 강의를 판매하는 것 자체에만 집중해 콘텐츠를 만들고 판매페이지를 디자인했다.

첫 판매에 실패한 후 나의 레드카펫을 살펴봤다. 내가 펼쳐 놓은 레드카펫에는 상품의 좋은 점만 나열되어 있었다. '좋으니까 사세요'라는 말만 계속 외치고 있는 것이었다. 《브랜드 설계자》에서 러셀 브런슨은 "우리의 목표는 누군가에게 뭔가를 파는 것이 아니다. 그들이 스스로 결정하도록 인도하는 것이다."라고 이야기했다. 이전에 나의 목표는 누군가에게 뭔가를 파는 것에 집중되어 있었고 그래서 결과가 좋지 않았던 것이다.

이후 나는 내가 파는 사람이 아니라 도와주는 사람이라고 생각하기 시작했다. 그리고 '내가 고객을 도와주는 사업가라면 어떻게 할까?', '내 강의가 고객의 삶에 실질적인 도움을 주려면 어떻게 준비해야 할까?' 같은 질문을 하게 되었다. 고객의 입장에서 그들의 고민을 해결해 주는 강의를 만든다는 마음으로 준비했더니 자연스럽게 강의 내용과 질도 좋아졌고 성과도 함께 올랐다.

토니 로빈슨은 '어떤 문제를 해결할 것인가?'라는 질문으로 비즈니스를 시작하라고 조언한다. 이 질문은 고객의 문제와 욕구에 집중하게 해서 그들에게 필요한 솔루션을 제공할 수 있는 토대를 만들게 해준다. 그리고 이렇게 고객의 문제를 중심에 두고 출발한 사업은 고객의 마음에 깊이 각인되어 신뢰를 쌓는다. 그럼에도 우리는 종종 '내가 팔고 싶은 것'에 집중하면서 정작 고객이 겪는 어려움과 필요를 놓치는 경우가 많다. 하지만 진정으로 고객을 중심에 둔 비즈니스는 고객의 문제 해결을 최우선으로 삼는다.

고객 중심의 철학을 실천해 성공을 거둔 대표적인 사례 중 하나가 아마존이다. 아마존의 창업자 제프 베이조스 Jeff Bezos는 "우리는 고객을 중심에 두고 장기적인 관점에서 성공을 추구한다."라면서 고객의 문제 해결을 제일 중요하게 생각했다.

베이조스는 아마존이 단순히 제품을 판매하는 것에 그치지 않고 고객이 필요로 하는 것이라면 무엇이든 손쉽게 제공하는 것을 목표로 삼았다. 이를 위해 고객이 아마존을 통해 물건을 손쉽게 구매할 수 있도록 다양한 결제 수단을 마련하고, 고객 맞춤형 추천 시스템을 도입해 고객의 쇼핑 경험을 개선했다. 그 결과 아마존은 전 세계에서 신뢰받는 브랜드로 성장했다.

아마존의 사례에서 알 수 있듯이 고객을 돕고 그들의 문제를 해결하는 데 주력할 때 비즈니스는 자연스럽게 지속 가능한 성공의 길을 걷게 된다. 나는 이 철학에서 큰 영감을 받아 비즈니스를 운영할 때 고객의 니즈를 중심에 두고 사업을 다듬곤 한다.

다른 사례를 들자면 배달 애플리케이션 중 압도적 1위인 배달의 민족이 바로 이런 고객 중심 사고로 성공한 대표적인 경우다. 배달의 민족은 초기 배달 시장의 문제를 해결하는 데 집중했다. 이전에는 음식 배달을 주문하려면 전화번호를 일일이 찾아서 전화해야 했고, 메뉴를 확인하기 어려웠으며 결제 방식도 불편했다. 배달의 민족은 이런 불편함을 해결하기 위해 사용자가 손쉽게 메뉴를 확인하고, 주문하고, 다양한 결제 방법을 활용할 수 있는 애플리케이션을 만들었다. 이런 문제 해결 중심의 접근 덕분에 배달의 민족은 배달 시장을 혁신했고, 오늘날 많은 사람이 일상적으로 사용하는 앱으로 자리 잡았다.

카카오톡도 고객의 요구를 바탕으로 다양한 기능을 추가하며 성장했다. 처음에는 단순한 모바일 메신저로 시작했지만 끊임없이 고객의 요구를 반영해 새로운 기능과 서비스를 추가하면서 이제는 거대한 플랫폼이 되었다. 카카오톡은 고객이 주고받는 메시지의 편리함과 효율성을 높이기 위해 다양한 기능을 도입했는데, 채팅방 내에서 파일을 공유하고, 사진을 손쉽게 보낼 수 있고, 필요에 따라 스티커나 이모티콘 등으로 감정을 표현할 수 있도록 하는 등 고객의 일상 대화 경험을 한 차원 높였다.

고객의 신뢰를 쌓는 비즈니스 3단계 접근법

사업을 시작하거나 운영하고자 하는 우리의 목표는 분명 수익을 창출하는 것이다. 하지만 그 목표에 도달하는 방식으로 '고객을 도울 수 있는 비즈니스'를 지향할 때 비즈니스는 지속 가능해진다. 고객이 문제를 해결하고 나은 삶을 경험할 수 있도록 돕는 것이야말로 비즈니스의 본질임을 명심하자.

고객 중심 비즈니스는 단순히 제품을 판매하는 것을 넘어 고객의 삶을 이해하고 더 나은 방향으로 이끄는 것이다. 내가 이렇게 말하면 사람들은 "대체 고객 중심 사고를 어떻게 실천할 수 있을까요?"라고 묻는다. 다행히도 고객과 진정으로 연결되고 그들에게 가치를 전달할 수 있는 간단한 3단계 접근법이 있다. 이 단계를 따르면 고객과 더 깊은 관계를 형성하고 신뢰를 쌓을 수 있다.

1단계: 고객의 문제 정의하기

먼저 고객의 문제를 제대로 이해하는 것이 첫 번째 단계다. 고객은 자신이 겪고 있는 불편함과 문제를 해결해 줄 누군가를 찾고 있다. 이때 비즈니스 오너는 고객의 입장에서 문제를 파악해야 한다. 먼저 다음 두 가지를 생각해 볼 수 있다. '고객이 가장 자주 하는 질문은 무엇인가?' '고객이 반복적으로 겪는 어려움은 무엇인가?' 고객의 문제를 파악하려면 고객의 목소리를 듣고 행동을 관찰해야 한다. 가령 고객들이 자주 문의하는 문제가 있다면 그 문제를 먼저 해결하는 것이 중요하다.

2단계: 솔루션 설계하기

문제를 정의했다면 이제 그 문제를 해결할 수 있는 구체적인 방법을 설계해야 한다. 이 단계에서는 고객의 입장에서 문제를 바라보고 '어떤 방법으로 이 문제를 해결할 수 있을까?'를 고민해야 한다. 여기서는 다음 두 가지를 생각해 볼 수 있다. '내 제품이나 서비스가 이 문제를 해결할 방법은 무엇인가?' '고객의 삶에 실질적인 변화를 줄 수 있는 방식은 무엇인가?' 예를 들어 고객이 온라인 강의를 듣고도 실행 방법을 몰라 어려움을 겪는다면 실행 가능한 체크리스트를 제공하는 것이 좋은 해결책이 될 수 있다.

3단계: 가치를 명확히 전달하기

마지막 단계는 고객이 솔루션의 가치를 명확히 느낄 수 있도록 돕는 것이다. 아무리 좋은 제품이나 서비스가 있어도 고객이 왜 그게 필요한지 이해하지 못하면 선택받기 어렵다. 먼저 솔루션의 효과를 구체적으로 설명해야 한다. 단순히 '좋은 제품입니다'라고 말하는 대신 '이 제품이 당신의 문제를 이렇게 해결하고 삶에 이런 변화를 줄 것입니다'라고 설명해야 한다. 예를 들면 '이 도구를 사용하면 매달 수백 시간을 절약할 수 있다', '이 강의는 당신의 사업 매출을 두 배로 높이는 전략을 제공한다'와 같이 설명할 수 있다.

　　현재 사업을 하면서 고객을 돕는다는 마인드로 나아가고 있는지, 고객의 니즈와 문제를 중심에 두고 있는지 돌아보자. 만약 비즈니스를 시작하는 단계라면 이런 마인드를 바탕으로 방향을 정하고 시작하자.

　　고객과의 신뢰 관계는 하루아침에 형성되지 않는다. 그들이 겪는 문제를 진정성 있게 해결해 나갈 때 비로소 조금씩 쌓이게 된다. 물론 멋진 광고나 화려한 카피라이팅으로 고객의 관심을 잠깐 끌 순 있다. 하지만 이런 방법으로는 지속적인 신뢰를 얻지 못한다. 고객 중심으로 비즈니스를 운영할 때 비즈니스가 단순한 제품 판매에 그치지 않고 고객의 삶에 변화를 주며 더욱 깊은 가치를 전달하게 된다는 점을 꼭 명심하자.

비즈니스 이전에
'내가 나를 경영하는 법'

한동안 아무것도 시작하지 못했던 시기가 있었다. 판매를 경험하고 시스템을 갖춘 시점이라 조금만 더 하면 성공에 가까워질 것 같다는 생각이 들었다. 내가 조금 더 노력하면 되겠구나 싶어 더 많은 강의를 듣고 더 많이 공부했다. 하지만 다음 론칭을 제대로 시작하지 못하는 상태가 지속되었고 각종 자료와 강의, 테스트 삼아 신청한 프로그램에 적지 않은 금액이 들어갔다. 머릿속에 정보는 많아졌는데 정작 결과는 보이지 않으니 답답하기만 했다.

그때는 몰랐지만 나를 가로막고 있던 가장 큰 장애물은 외부의 환경이 아니라 바로 나 자신이었다. 여러 가지를 공부하고 시도하는 횟수와 비용이 늘어갈수록 '정말 잘할 수 있을까?'라는 두려움과 불안감이 커졌다. '이러면 안 돼'라고 나 스스로를 채찍질하면서도 동시에 도전하기를 망설였다. 나 자신도 너무 답답해서 '왜 이러지?'라고 자문하기만 했다.

그렇게 무기력했던 시기에 우연히 대학 시절 친구들 모임에 나가게 되었다. 이 모임은 총 다섯 명이 구성원으로, '바보 클럽'이라는 별명을 가지고 있다. 이유는 간단하다. 다들 각자의 분야에서 똑똑하게 자기 일을 해내고 있지만 서로를 보면 어딘가 허점투성이이기 때문이다. 그 허점들 덕분에 함께 있을 때면 마음이 편안하고 웃음이 끊이질 않는다.

모임에 나가기 전까지도 갈까 말까 고민했다. 사람들을 만나는 것이 부담스러웠고 괜히 즐거운 분위기를 망칠까 봐 걱정도 되었다. 하지만 막상 모임에 가서 친구들과 아무렇지 않게 이야기를 나누는 동안 너무나 따뜻한 에너지를 받았다. 다시 시작할 힘이 조금은 생긴 느낌이었다. 집으로 돌아와서 곰곰이 생각했다. 친구들이 해준 말 중 무엇이 그렇게 큰 위로가 되었을까? 단순히 칭찬이나 격려 때문이 아니었다. 내게 가장 힘이 된 말은 바로 이거였다.

"괜찮아, 그래도 괜찮아."

"원래 그럴 때잖아. 괜찮아."

서로의 허점을 편하게 공개하는 사이이기에 우리끼리는 실수하면 "괜찮아, 원래 그렇지."라는 말을 늘 해왔는데, 그 말이 그렇게 위안이 된 것이다. 이 말들은 나 그대로의 나를 인정해 주는 말이었다. 완벽하지 않아도 괜찮고, 느리게 가도 괜찮다고 말해 주는 그 따뜻한 말들이 내게 얼마나 큰 위로가 되었는지 깨달았다. '괜찮아'라는 말은 마치 내 안에 존재하던 불안과 두려움을 잠시 쉬게 해주고 내가 나를 있는 그대로 받아들일 수 있도록 해주었다.

살다 보면 일이 생각대로 풀리지 않을 때가 있다. 아무리 노력해도 채울 수 없는 빈자리가 있을 때가 있다. 그럴 때는 혼자 해결하려 애쓰기보다는 사람들에게로 가야 한다. 내 부족함을 그대로 받아들이는 사람들 곁에서 웃고 떠들다 보면 채워지지 않던 바구니가 금세 가득 차는 경험을 하게 된다. 이것이 바로 커뮤니티의 힘이다. 때로는 우리가 우리 자신을 믿지 못할 때, 다른 사람들이 우리를 대신 믿어 주는 것만으로도 다시 한 걸음을 내디딜 용기를 얻을 수 있다.

긍정적 생각을 늘리기보다 부정적 생각을 줄여라

요즘 '원영적 사고', '럭키비키'라는 표현이 긍정적인 마음가짐을 뜻하는 유행어로 많이 쓰이고 있는데, 이는 유명 아이돌 그룹 아이브의 멤버 장원영이 유행시킨 것이다. 이 표현들은 어떤 상황에서도 긍정적인 메시지를 찾는 건강한 마인드 그리고 '내게는 늘 행운이 따른다'라는 긍정적인 자기암시를 가질 때 실제로 더 나은 결과를 가져온다는 메시지를 담고 있다.

많은 사람이 긍정적인 마음가짐이 중요하다는 것을 알고 이를 취하려고 하지만 습관이 되지 않은 이들에겐 솔직히 쉽지 않다. 긍정적인 사고방식은 마음에서 자연스럽게 자라나야 하는데 억지로 긍정적인 생각을 해야 한다며 자기 자신을 몰아붙이다 보면 오히려 더 힘이 든다. 그래서 나는 긍정적인 생각을 하기 전에 부정적인 생각을 줄이는 연습을 먼저 해보기를 추천한다. 부정적인 생각이 줄어드는 것만으로도 자연스럽게 긍정의 에너지가 생길 것이다.

이 방법이 궁금하다면 윌 보웬Will Bowen의 《불평 없이 살아 보기》를 읽어 보자. 이 책은 불평을 줄이며 삶을 긍정적으로 다듬는 방법을 제시한다. 보웬은 사람들에게 불평을 줄이는 연습을 통해 부정적인 생각을 없애 보라고 이야기한다. 그러면서 제시하는 것이 '불평하지 않는 21일 챌린지'다. 이는 이 책의 핵심이기도 하다. 21일 동안 의식적으로 불평을 줄이고 부정적인 감정을 가라앉히면 삶이 더 가볍게 느껴지면서 긍정적인 에너지가 차오른다.

나도 이 챌린지에 도전하면서 부정적인 생각이 줄어드는 것을 느낄 수 있었다. 의식하지 못했을 뿐 생각보다 많은 부분에서 내가 불평하는 마음을 가지고 있었음을 알게 되었다. 그리고 챌린지를 통해 의식적으로 불평을 하지 않다 보니 하루의 무게가 한결 가벼워졌고, 이를 통해 긍정적인 마음가짐을 더 자연스럽게 키울 수 있었다.

만약 지금 우울감에 빠져 있고 '왜 나는 잘 안 될까' 하는 생각이 든다면 이 책을 읽고 연습해 보자. 부정적인 생각을 줄이는 것만으로도 새로운 도전을 향한 마음의 여유가 생기는 걸 경험할 것이다.

긍정적인 마인드를 키우는 작은 습관

긍정적인 마음가짐을 유지하는 데 크게 도움이 되었던 습관 중 하나가 바로 Q&A 형식의 다이어리를 작성하는 것이었다. 하루하루 긍정적인 질문에 답하면서 나는 나 자신과 나의 태도를 돌아볼 수 있었다.

몇 년 전 우연히 접한 《Q&A a Day: 5년 후 나에게》라는 책에서 시작된 이 습관은 매일 '오늘 가장 감사했던 일은 무엇인가?', '내일 도전해 보고 싶은 것은 무엇인가?' 같은 간단한 질문에 답하는 것이다. 매일 다른 질문에 답을 적고, 해마다 같은 질문을 반복해서 하면서 자신의 성장과 변화를 눈으로 확인할 수 있다.

1년 동안 이 다이어리를 쓰면서 질문에 대한 답을 모두 기록하고 다음 해에 같은 질문을 읽어 보면 그동안 성장한 점과 해결해야 할 부분을 알수 있다. 그리고 1년 전에는 몹시 심각했던 일들이 지금은 별일 아니었다는 생각이 들기도 한다.

이제 나는 나만의 Q&A 다이어리를 만들어 쓰고 있다. 내게 자극을 주는 명언을 함께 적으면서 매일 나 자신과의 대화를 기록하고 있는데, 이 작은 습관은 나 자신을 믿고 긍정적인 에너지를 축적하는 데 큰 도움을 준다.

아이엠보스, 두려움을 함께 극복하는 공간

한동안 무력했던 나는 위와 같은 경험과 시도들을 통해 정신적, 사회적으로 성장할 수 있었다. 그리고 더불어 나와 같은 고민을 하는 사람들과 연결되고 싶다는 마음이 자라났다. 그렇게 탄생한 것이 바로 '아이엠보스'I am Boss 커뮤니티다.

아이엠보스는 30~50대 여성들이 자신을 다시 발견하고 삶의 주인공으로 설 수 있도록 돕는 공간이다. 우리는 부정적인 생각을 줄이고 긍정의 에너지를 키우며 서로의 경험을 나눈다. 내가 나만의 Q&A 다이어리를 쓰며 깨달음을 얻었듯 우리는 성장 다이어리를 통해 서로의 변화를 응원한다.

무엇보다 이 커뮤니티는 '괜찮아'라는 메시지를 주고받는 곳이다. 완벽하지 않아도 괜찮고, 느리게 가도 괜찮다는 사실을 서로가 일깨워 준다. 그리고 그 과정에서 새로운 도전을 향한 용기가 생겨난다.

지금 여러분이 느끼는 무력감과 두려움도 결국 지나갈 것이다. 완벽하지 않아도 괜찮다. 느리게 가도 괜찮다. 중요한 것은 여러분이 그 길을 계속 걸어가고 있다는 사실이다.

"괜찮아, 그래도 괜찮아."

이 단순하지만 강력한 말이 여러분의 마음을 어루만져, 일어나 걸어가도록 돕기를 바란다.

고객이 늘어날수록
시스템이 답이다

비즈니스를 지속적으로 성장시키기 위해서는 단순히 좋은 제품과 서비스를 제공하는 것 이상으로 일관된 시스템이 필수적이다. 수많은 기업이 자동화 시스템과 고객 관리 툴, 데이터 분석을 활용해 고객의 경험을 보다 일관되고 효율적으로 관리하면서 지속적인 성장을 이루고 있다. 특히 비즈니스 규모가 커지고 고객이 늘어날수록 개별적인 관리를 넘어 체계적이고 일관된 시스템을 구축하는 것이 비즈니스의 안정과 장기적인 성장을 보장하는 열쇠가 된다.

스타벅스와 같은 대기업의 고객 관리 시스템 사례를 보면 이런 시스템이 얼마나 중요한 역할을 하는지 알 수 있다. 스타벅스는 전 세계에 수많은 매장을 운영하면서 고객의 기호와 방문 패턴을 분석해 맞춤형 경험을 제공한다. 이런 데이터 기반의 맞춤 서비스는 고객의 만족도와 충성도를 높이는 동시에 비즈니스의 일관성을 유지할 수 있게 돕는다. 이를 통해 스타벅스는 브랜드에 대한 긍정적 경험을 구축하고 장기적으로 고객과의 관계를 강화하고 있다.

앞서 이런 자동화 시스템과 고객 관리 툴에 대해 간단하게 이야기했지만, 여기서는 대기업들이 이런 도구들을 어떻게 적용하고 있는지 알아보고 성장을 위한 시스템의 필수적인 요소들에 대해 다룰 것이다.

스타벅스도 쓰는 전략, 당신의 비즈니스에 없을 이유 없다

자동화 시스템은 비즈니스를 일관되고 체계적으로 운영하는 데 필수적이다. 규모가 작은 초기 단계에서는 수작업으로 하나하나 고객을 관리할 수 있지만 고객 수가 늘어나고 비즈니스가 성장할수록 이런 수작업은 한계에 도달한다. 이때 자동화 시스템이 도입되면 고객 관리와 주문 처리, 마케팅 등 중요한 요소들이 효율적으로 관리되면서 비즈니스의 일관성을 유지할 수 있다.

예를 들어 메시지 자동화를 통해 신규 고객에게는 환영 메시지를, 기존 고객에게는 재방문을 유도하는 메시지를 자동으로 전송할 수 있다. 이를 통해 고객은 일관된 메시지를 받고 비즈니스에 대한 긍정적 경험을 유지한다. 이런 자동화 시스템은 고객과 꾸준히 소통할 수 있도록 해 주며 중요한 정보를 자동으로 전달해 고객에게 신뢰감을 준다.

또한 자동화 시스템은 단순히 시간 절약뿐만 아니라 구매전환율을 높이는 데도 큰 도움이 된다. 예를 들어 고객의 구매 패턴을 분석해 특정 상품의 맞춤형 프로모션을 제공하거나, 고객이 특정 제품에 관심을 보였을 때 해당 제품에 대한 특별 할인 정보를 자동으로 전송하는 것이다. 이를 통해 고객의 재구매를 유도할 수 있으며 비즈니스의 성장 가능성을 더욱 높일 수 있다.

대규모 시스템의 힘, 스타벅스의 고객 관리 사례

스타벅스는 고객 관리 시스템과 자동화 도구를 통해 고객들에게 독특하고 개인화된 경험을 제공한다. 스타벅스는 자체 모바일 앱을 통해 고객의 주문 기록과 방문 패턴을 수집하고 이를 바탕으로 개별 고객의 선호도에 맞춘 맞춤형 혜택을 제공한다. 예를 들어 고객이 특정 음료를 자주 주문한다면 그 음료에 대한 할인 쿠폰을 제공하거나 비슷한 새 메뉴를 추천하는 식이다.

스타벅스의 자동화 시스템은 고객의 데이터를 분석해 고객이 무엇을 좋아하고 언제 방문할 가능성이 큰지를 예측한다. 이를 통해 고객에게 적시에 맞춤형 메시지를 보냄으로써 고객의 방문 빈도를 높이고 충성도를 유지한다. 이런 고객 관리 시스템으로 스타벅스는 일관되고 개인화된 경험을 제공하고 고객들은 스타벅스를 단순히 커피를 마시는 공간이 아닌 특별한 브랜드 경험을 제공하는 장소로 인식하게 된다.

이와 같은 시스템은 개인 비즈니스에서도 충분히 활용할 수 있다. 비록 스타벅스와 같은 대규모 데이터를 활용하지는 못할지라도 이메일 마케팅 도구나 간단한 고객 관리 시스템을 통해 개별 고객이 선호하는 제품이나 서비스에 대한 맞춤형 혜택을 제공할 수 있다.

자동화에서 놓치지 말아야 할 것, 개인화

자동화 시스템을 구축할 때 간과해서는 안 되는 것이 바로 개인화다. 자동화의 이점 중 하나는 시간과 노력을 절약하는 것인데, 그렇다고 모든 메시지를 복사해 붙여넣기 방식으로 보내면 고객이 느끼는 감동은 줄어들 수밖에 없다. 새해나 명절에 받는 비슷한 형식의 메시지를 생각해 보자. 같은 메시지를 여러 명에게 복사해서 보낸 듯한 인상을 받으면 오히려 진심이 느껴지지 않아 부정적인 느낌마저 들 수 있다.

자동화 시스템에서 보낸 기업의 메시지도 마찬가지다. 만약 기업에서 발송하는 메시지가 광고처럼 보인다면 고객은 이를 무시하거나 심지어 차단할 가능성도 크다. 그렇기에 메시지를 보내기 전에 작은 개인화 작업 하나를 추가하는 게 중요하다. 이를테면 고객의 이름을 직접 적어 넣거나, 고객이 이전에 관심을 보였던 상품이나 서비스를 언급하면서 '당신을 특별하게 기억하고 있다'라는 느낌을 전달하는 것이다.

이를 위해 API Application Programming Interface 를 활용한 개인화 작업을 해 두는 것도 좋다. API란 다른 소프트웨어나 프로그램과 데이터를 주고받을 수 있도록 연결해 주는 기술이다. 이메일 마케팅 툴과 CRM 시스템이 API로 연결되어 있으면 CRM에 저장된 고객의 이름이나 구매 이력 데이터를 가져와 개인화된 메시지를 발송할 수 있다. 즉 고객이 특정 상품을 클릭했을 때 이를 자동으로 기록하고, 며칠 후 해당 상품에 대한 특별 할인 정보를 보내는 식으로 개인화된 마케팅을 구현하는 것이다.

자동화와 개인화를 돕는 필수 도구들

위 API처럼 비즈니스에서 자동화와 개인화를 구현할 수 있는 도구들을 더 알아보자. 이 도구들을 활용해 고객과의 소통을 체계적으로 유지하고 개별 고객에게 맞춤형 경험을 제공하도록 하자.

- **고객관계관리** CRM **시스템:** CRM은 고객의 기본 정보, 구매 이력, 선호도 등을 체계적으로 관리할 수 있게 해준다. 고객에게 맞춤형 메시지를 보내는 데 활용할 수 있으며 이를 통해 개인화된 경험을 제공할 수 있다.
- **메시지 마케팅 자동화 툴:** 메일침프나 액티브캠페인 ActiveCampaign은 이메일을 자동화하는 동시에 메시지에 개인화를 추가할 수 있다. 또한 카카오톡 메시지를 작성할 때도 개인화를 추가해서 발송할 수

있다. 예를 들어 고객의 이름을 넣거나 특정 구매 이력을 기반으로 한 맞춤형 메시지를 보내 고객과의 지속적인 관계 유지를 돕는다.

- **데이터 분석 도구:** 구글 애널리틱스나 키스메트릭스 Kissmetrics 같은 도구는 고객의 행동 패턴을 분석해서 알려 준다. 고객이 어떤 제품에 관심을 보이는지, 어떤 페이지에서 머무는 시간이 긴지를 파악해 이에 맞는 맞춤형 프로모션을 제공한다.
- **API 연동을 통한 개인화:** 고객이 특정 상품을 클릭하거나 검색한 정보를 기록해서 며칠 후 해당 상품에 대한 맞춤형 알림이나 할인 쿠폰을 보내는 등의 개인화된 경험을 제공할 수 있다. API를 활용하면 고객의 행동에 따라 메시지를 보다 개인화할 수 있다.

잘 설계된 자동화 시스템을 통해 비즈니스는 더 많은 고객과 관계를 맺을 수 있고 한 명, 한 명의 고객에게 일관된 서비스를 제공할 수 있다. 또한 개인화된 메시지를 통해 고객에게 더욱 특별한 경험을 제공하면 고객의 충성도는 자연스럽게 올라간다.

성장은 단 한 번의 성과로 완성되지 않는다. 체계적이고 일관된 시스템을 통해 고객의 요구에 맞춘 서비스를 제공하고 그 과정에서 고객의 신뢰를 쌓는 것이 중요하다. 비즈니스는 꾸준한 성장을 통해 지속 가능성을 확보할 수 있으며 고객 관리와 데이터 분석, 자동화 시스템이 이런 지속 가능한 성장을 뒷받침한다.

시간 관리는 곧
돈 관리다

    처음 사업을 시작했을 무렵 항상 바쁘게 일했지만 하루를 마무리할 때 돌아보면 제대로 끝낸 게 없다는 생각이 종종 들곤 했다. 해야 할 일이 많다 보니 중요한 일을 미루고 급한 일부터 처리하기도 하고, 한 가지 일을 처리하는 데 하루를 다 써 버려서 정작 가장 필요했던 업무가 뒤로 밀리기도 했다. 이렇게 며칠, 몇 주가 지나면 나름 바쁘게 생활하며 최선을 다했음에도 비즈니스는 원하는 만큼 성장하지 않았다. 처음에는 단순하게 너무 할 일이 많아서 또는 너무 시간이 없어서라고 생각했다. 하지만 이 문제의 원인은 효율적인 시간 관리가 부족했기 때문이란 것을 알게 되었다.

    이후 나는 하루를 좀 더 생산적으로 쓰기 위해 몇 가지 방법을 시도했다. 여기에는 그중에서도 크게 도움이 되었던 방법을 소개한다. 먼저 나는 하루의 시간을 내가 어떻게 쓰는지 확인한 후 중요한 일과 급한 일을 분류해서 처리할 수 있게 해주는 아이젠하워 매트릭스를 사용했다. 그리고 최대한 주어진 시간에 최고로 집중할 수 있는 구조를 만들었다. 이 과정을 통해 알게 된 것은 시간 관리는 하루의 성과를 결정짓는 매우 중요한 요소라는 점이었다. 시간은 유한한 자원이기 때문에 이를 어떻게 사용하느냐에 따라 비즈니스의 성장 속도와 방향이 크게 달라진다.

중요한 일을 먼저, 아이젠하워 매트릭스 활용하기

아이젠하워 매트릭스는 제34대 미국 대통령인 드와이트 아이젠하워 Dwight Eisenhower가 업무의 중요성과 긴급성에 따라 업무를 분류하며 개발한 방식으로, 오늘날 시간 관리 분야에서 널리 쓰인다. 개인적으로 이 매트릭스를 적용한 이후부터는 모든 일이 급하다고 생각되어 조급하게 처리하다 중요한 것을 놓치는 일이 없어졌다. 아이젠하워 매트릭스는 업무를 중요도와 긴급성의 두 가지 기준으로 나눠 다음과 같이 네 개의 범주로 분류한다.

- **중요하고 긴급한 일(즉시 행동):** 기한이 임박했거나 사업에 즉각적인

▶ **아이젠하워의 시간관리 매트릭스**

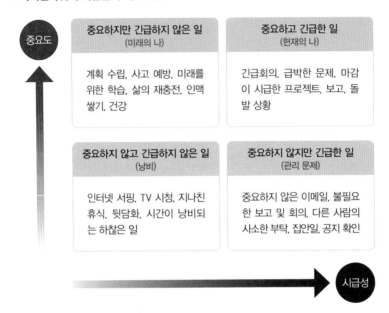

※출처: 미래경제뉴스

영향을 미치는 업무로, 긴급한 상황에서 가장 먼저 처리해야 하는
일들이다. 예를 들어 고객 클레임 대응이나 마감이 임박한 프로젝
트 같은 일들이 여기에 속한다.

• **중요하지만 긴급하지 않은 일(계획 후 실행):** 장기적인 목표를 달성하
는 데 중요한 업무로, 이 부분을 잘 관리해야 비즈니스가 안정적으
로 성장한다. 예를 들어 새로운 마케팅 전략을 구상하거나 장기적
목표 설정 등이 포함된다.

• **중요하지 않지만 긴급한 일(위임):** 시급히 처리해야 하지만 비즈니스

에 큰 영향을 주지 않는 일들로, 다른 사람에게 위임할 수 있는 업무
다. 일상적인 이메일 응답, 단순한 확인 작업 등이 이에 해당한다.

- **중요하지 않고 긴급하지 않은 일(제거 또는 최소화):** 가치가 크지 않
은 업무로 이 시간은 더 중요한 일에 투자하는 것이 효율적이다.

그러면 시간을 효율적으로 활용하는 실천적인 방법들을 알아보자.

나의 하루 파악하기

하루를 바쁘게 보냈는데도 중요한 업무가 해결되지 않았다면 하루의
시간을 객관적으로 파악해 보는 것이 좋다. 종이에 시간별로 기록해도
좋고 타임 트래킹 앱을 활용해서 입력해도 좋다. 일주일간 시간을 기록
하고 이를 분석해 보면 자신이 어떤 일에 가장 많은 시간을 투자하고 있
는지 확인할 수 있다. 직접 기록을 하다 보면 중간중간 불필요하게 시간
을 소비하는 부분이 있을 것이다. 이 시간을 찾아서 유용한 작업을 하는
시간으로 전환해야 한다.

시간 배분과 타이머 사용

업무가 여러 가지로 나뉠 때 나는 각각의 업무에 필요한 시간을 중요
도에 맞춰 배분하고, 그 시간 내에 집중해 일을 마칠 수 있도록 타이머
를 사용한다. 이는 포모도로 기법Pomodoro Technique[16]을 활용한 방법으로,

타임 타이머Time Timer 같은 앱이나 시계처럼 생긴 타이머를 사용해 각 업무에 적정한 시간을 할당하고 타이머가 울릴 때까지 집중력을 유지한다. 무엇보다 나 자신이 데드라인을 정해 두지 않으면 소요 시간이 길어지는 것을 느끼고 시작한 방법인데, 덕분에 주어진 시간 내에 업무를 끝내려는 목표가 생겼고 일의 속도와 효율이 높아졌다.

집중력을 높이는 환경 만들기

집중력이 필요할 때 나는 백색소음을 활용한다. 장작불 타는 소리나 빗소리 같은 자연의 소리를 들으면 주변 소음이 차단되어 더욱 집중할 수 있다. 이는 특히 소음이 있는 장소에서 집중해야 할 때 도움이 되며 자연스럽게 업무에 몰입하는 데 도움을 준다. 유튜브에서 '집중력 높이는 소리', '백색소음'으로 검색하면 많은 영상을 볼 수 있다.

생각을 정리하는 포스트잇 활용법

생각이 많아 머릿속이 복잡할 때는 포스트잇을 활용한다. 중요한 키워드나 아이디어를 간단히 포스트잇에 적어 벽에 붙이면서 업무의 흐름을 시각적으로 정리하면 효과적이다. 머릿속에서 흩어져 있던 아이디어들이 시각적으로 정리되면 중요한 작업의 순서가 명확해지면서 실질적인 실행 계획을 세울 수 있게 된다. 나는 이 방법을 통해 강의 커리큘럼을 짜기도 하고, 새로운 퍼널을 세팅하기 전 계획을 세우기도 한다. 복잡한 생각을 체계적으로 분류하고 필요한 업무를 빠르게 파악하는 데 도움이 된다.

효율적인 시간 관리는 비즈니스 운영의 안정성을 확보하고 장기적인 성장을 가능하게 해준다. 시간의 흐름을 제대로 관리하지 못하면 성과를 내기가 어렵고 스트레스만 늘어날 뿐이다. 반대로 시간을 효율적으로 관리하면 중요한 업무에 집중할 수 있는 여유가 생기고 불필요한 스트레스가 줄어들면서 생산성이 극대화된다.

시간 관리와 생산성 극대화는 단순히 일을 빨리 끝내는 것 이상의 의미를 지닌다. 이는 비즈니스 성장의 중요한 토대로서 일관된 시스템과 효율적인 업무 프로세스를 구축하는 데 크게 기여한다.

미슐랭 요리사들이
망하는 이유

　여기, 프랑스 요리학교를 우수한 성적으로 졸업하고 세계적인 요리 대회에서 수상 경력을 자랑하며 특급 호텔에서 인정받은 미슐랭 스타 셰프가 있다. 그는 자신의 꿈을 담아 많은 돈을 들여 고급 레스토랑을 열었다. 최상급 식재료, 화려한 인테리어, 정교한 플레이팅까지 모든 것이 완벽해 보였다. 오픈 초기에는 그의 명성을 듣고 사람들이 모여들었지만 몇 달이 지나자 손님은 뚝 끊기고 결국 문을 닫았다.

　반면 허름한 골목에 자리 잡은 작은 식당이 있다. 특별한 학력이나 경력이 없는 평범한 주인이 운영하지만 이곳에는 항상 긴 줄이 늘어서 있다. 소박한 메뉴와 적당한 가격 그리고 따뜻한 서비스로 손님들의 마음을 사로잡은 것이다.

왜 대단한 스펙과 고급 상품을 보유한 셰프가 실패하고 작은 식당이 성공했을까? 이 질문은 요식업뿐만 아니라 모든 비즈니스에 중요한 교훈을 준다. 특히 온라인 비즈니스에서도 고객 경험은 성공의 핵심 요소가 된다. 여기서는 미슐랭 셰프와 작은 식당의 사례를 통해 고객 중심 사고가 비즈니스 성공에 얼마나 중요한지 살펴보자.

'내 상품은 완벽하다'는 사고의 함정

앞서 셰프와 같은 전문직 종사자들 그리고 온라인 비즈니스 창업자들은 대체로 '내 상품은 완벽하다'라는 확신을 품고 시작하는 경우가 많다. 이들은 주로 상품 자체의 품질에 집중하며 자신이 생각하는 걸 고객들도 당연히 원할 것이라는 착각에 빠지곤 한다. 또한 고객이 직면한 어려움을 본인의 관점에서만 해석하다 보니 실제 고객의 입장에서 중요한 요소를 놓치는 경우도 빈번하다.

고객 경험은 상품의 성공을 결정짓는 데 핵심적인 역할을 한다. 단순히 상품의 품질을 넘어 고객이 상품을 발견하고 구매하는 모든 과정에서의 만족도를 포함한다. 내가 그룹 컨설팅을 진행할 때도 많은 참가자가 자신이 설계한 판매 여정, 즉 '레드카펫'이 완벽하다고 믿었다. 하지만 함께 점검해 보면 고객의 관점에서는 중간중간 끊기거나 장애물이 많은 경우가 대부분이었다.

앞 사례 미슐랭 스타 셰프는 한국에서 자신의 꿈을 실현하기 위해 레스토랑을 열었다. 그는 인테리어부터 메뉴 구성까지 모든 것을 자신이 선호하는 스타일로 설계했다. 하지만 이 과정에서 고객의 입장은 배제되었고 결국 이것이 실패로 이어졌다. 레스토랑의 간판은 몹시 세련되었지만 지나가는 사람들에게 식당임을 명확히 알리지 못했다. 외부에서 봤을 때 무엇을 하는 곳인지 파악하기 어려웠고, 내부 인테리어는 고급스럽지만 차가운 분위기였다. 손님들로서는 이곳이 어떤 음식을 제공하는지 전혀 알 수 없었다.

세세하게 신경 쓴 그의 메뉴판은 중세 시대 두루마리 같은 디자인이었다. 디자인은 독특하고 멋졌지만 음식 사진이 없어 메뉴를 이해하기 어려웠고, 재료 설명은 프랑스어나 이탈리아어로 쓰여 있었다. 고객들은 메뉴 선택에 어려움을 느꼈다. 심지어 메뉴판은 비싼 비용을 들여 제작했음에도 불구하고 재활용하기도 어려웠다. 또한 예약은 전화로만 가능했으며 응대 직원이 부족해 대기 시간이 길었다. 이런 과정에서 고객은 피로감을 느꼈고 급기야 발길을 끊은 것이다.

반면에 동네의 작은 식당은 고객 중심의 접근으로 큰 성공을 거두었다. 스펙도, 고급 요리도 없었지만 고객 경험을 최우선으로 설계했다. 네이버와 SNS 메시지를 통해 예약을 할 수 있게 해두어 고객이 몇 번의 클릭만으로 예약을 완료할 수 있었고, 예약 확인과 알림까지 제공되었다. 고객 피드백은 즉각 반영되어 손님들이 요청한 메뉴는 빠르게 추가되었고 서비스의 불편한 점은 즉시 개선되었다. 이로써 고객들은 자신이 존중받고 있다는 느낌을 받았다. 또한 식당 주인은 소셜미디어를 통해 고객들과 적극적으로 소통했다. 그는 새로 들어온 싱싱한 재료들에 관한 이야기와 음식에 진심인 그의 마음을 글과 사진으로 올리며 신뢰를 쌓았다.

이 두 사례는 명확한 차이를 보여 준다. 실패한 레스토랑은 셰프의 관점만을 반영했고, 성공한 식당은 철저히 고객의 입장에서 모든 과정을 설계했다. 온라인 비즈니스에서도 이런 문제가 빈번히 발생한다. 다음은 내가 그룹 컨설팅을 진행하면서 알게 된, 온라인 비즈니스 오너들이 자주 간과하는 문제점과 이를 해결하기 위한 구체적인 방법들이다.

광고와 상세페이지의 불일치

광고는 고객의 시선을 끌기 위한 도구다. 그러나 광고에서 강조한 내용과 상세페이지의 내용이 일치하지 않으면 고객은 혼란을 느끼고 그 제품에 대한 믿음을 상실한다. 예를 들어 광고에서 '30퍼센트 할인'을 강조했는데, 상세페이지에 이 할인 정보가 보이지 않거나 적용 조건이 복잡하게 설명되어 있으면 고객은 즉시 이탈할 가능성이 크다. 또한 광고 이미지와 상세페이지의 제품 사진이 다르거나, 광고에서 언급한 특징이 상세페이지에서 누락되면 고객은 상품에 대한 의심을 품게 된다.

이를 해결하기 위해서는 광고에서 사용된 메시지, 이미지, 혜택 내용을 상세페이지에서도 동일하게 유지해야 한다. 그리고 상세페이지에는 제품의 주요 특징과 혜택을 명확히 설명하고 광고에서 강조한 내용을 구체적으로 표현한다. 또한 제품의 실제 사진, 동영상, 고객 리뷰 등을 추가해 고객이 상품을 신뢰할 수 있도록 해야 한다.

복잡한 결제 과정

결제 과정이 복잡하거나 옵션이 제한적이면 고객은 구매를 포기할 가능성이 크다. 특히 모바일 환경에서는 결제 과정이 직관적이지 않으면 고객이 쉽게 이탈한다. 결제를 위해 여러 단계를 거쳐야 한다거나, 원하는 결제 옵션(간편결제, 모바일 페이)이 제공되지 않는 경우가 그렇다. 이처럼 결제 시스템이 불편하거나 오류가 발생하면 고객은 더 이상 구매를 진행하지 않는다.

이를 해결할 방법은 단계를 간소화하는 것이다. 결제 과정은 다른 복잡한 절차 없이 3단계(장바구니→배송 정보 입력→결제)로 단순화한다. 그리고 신용카드, 간편결제(네이버페이, 카카오페이 등), 모바일 결제 등 다양한 옵션을 제공해 고객의 편의를 높여야 한다. 마지막으로 모바일과 데스크톱 환경 모두에서 결제 시스템을 반복적으로 테스트해 혹시 모를 오류를 최소화 한다.

피드백 반영 부족

고객의 피드백은 비즈니스를 개선하는 데 중요한 자료지만 이를 무시하거나 단순히 수집만 하고 개선으로 이어지지 않는 경우가 많다. 고객들은 자신의 의견이 반영되지 않으면 곧 그 상품에 무관심해지고 장기적으로는 그 비즈니스에 대한 신뢰를 상실한다.

이를 해결하기 위해서는 구글 설문지, 소셜미디어 댓글, 이메일 등을 통해 고객 피드백을 수집하고 개선하기 위해 노력해야 한다. 고객 요청을 분석하고 각 개선 사항을 우선순위로 설정해 빠르게 반영해야 하며, '고객 요청으로 결제 옵션을 추가했습니다'와 같이 개선 사항을 고객들에게 공유해 신뢰를 높여야 한다.

구체적이고 이해하기 쉬운 상품 정보 부족

상세페이지의 정보가 모호하거나 전문 용어로만 작성되면 고객은 상품을 이해하지 못하고 구매를 망설인다. 상품이 자신의 필요에 부합하는지 명확히 알지 못하면 고객은 구매를 포기한다. 이를 해결하기 위해서는 상품의 주요 특징, 효능, 사용 방법 등을 간단하고 명확한 문장으로 설명해야 한다. 그리고 고객이 자주 하는 질문(예: 사용 방법, 배송 기간, 환불 정책)을 상세페이지에 넣고 사용법을 설명하는 동영상, 인포그래픽, 전후 비교 사진 등을 추가해 고객이 원하는 정보를 얻을 수 있게 해야 한다.

구매 여정 점검 부족

고객이 상품을 발견하고 구매하기까지 모든 과정은 순조롭고 매끄러워야 한다. 하지만 창업자들은 종종 자신만의 관점으로 설계해 고객의 여정에서 불편함을 놓친다. 이로 인해 고객은 구매 결정을 내리지 못하고 중도에 이탈한다. 이를 해결하기 위해서는 고객의 관점에서 시뮬레이션해 보는 노력이 필요하다. 예를 들면 광고를 클릭해 상세페이지로 이동하고 결제까지 이어지는 전 과정을 직접 체험해 보는 것이다. 그리고 장바구니 이탈률, 상세페이지 체류 시간 등 데이터를 분석해 이탈이 빈번한 단계를 파악한다. 분석 결과가 나오면 이를 바탕으로 가장 많은 이탈이 발생하는 단계에 집중적으로 개선 작업을 진행한다.

위에서 살펴본 문제들은 비즈니스 성공에 큰 영향을 미칠 수 있다. 하지만 이를 해결하기 위해 대규모 투자가 필요한 것은 아니다. 고객의 관점에서 본인의 레드카펫을 점검하고 작은 디테일을 개선하는 노력만으로도 충분하다. 내가 진행하는 그룹 컨설팅에서도 이런 과정을 강조한다. 실제로 컨설팅에 참여한 사람들은 단순한 점검과 개선만으로도 이전보다 최소 다섯 배 이상의 성과를 달성했다. 작은 변화가 큰 성공으로 이어진다. 고객의 관점에서 경험을 점검하고 개선해 매끄럽고 만족스러운 구매 여정을 설계하자. 성공은 디테일에서 시작된다.

시장은 바뀌는데,
당신의 전략은 그대로인가요?

2000년대 중반까지 노키아는 전 세계 휴대폰 시장의 절대적인 강자였다. 많은 사람이 튼튼하고 배터리 수명이 긴 노키아 폰을 사용했다. 그러나 기술이 빠르게 발전하고 사람들이 스마트폰과 더 복잡한 기능을 원하기 시작하면서 휴대폰 시장에 변화의 바람이 불기 시작했다. 그리고 2007년 애플이 아이폰을 출시하며 스마트폰 혁명이 시작되었다. 이때부터 휴대폰 시장은 순식간에 스마트폰 중심으로 재편되었고 고객들의 기대와 요구도 완전히 달라졌다.

하지만 노키아는 이 변화를 읽지 못하고 기존 피처폰[17] 중심의 전략을 고수했다. 스마트폰의 가능성과 고객의 변화를 제대로 파악하지 못했던 것이다. 반면 애플과 삼성은 새로운 기술에 투자하고 터치스크린과 앱 중심의 스마트폰을 출시하며 시장을 장악했다. 그 결과 노키아는 급격히 쇠퇴했고 결국 모바일 사업에서 밀려나게 되었다.

노키아와 애플, 삼성의 사례는 변화에 민첩하게 적응하는 유연성이 비즈니스 성공에 얼마나 중요한지 잘 보여 준다. 시장의 변화를 주시하지 않고 기존의 방식에 안주할 때 비즈니스는 고객의 니즈에서 멀어지고 경쟁력은 점점 떨어진다. 특히 오늘날처럼 빠르게 변화하는 환경에서 비즈니스 전략을 유연하게 수정하고 새로운 기회를 찾는 능력은 필수적이다.

나 또한 비즈니스를 운영하며 이 점을 실감했다. 처음에는 그동안 내가 사용해 왔던 비즈니스 툴과 방식이면 충분하다고 생각했고 다른 툴을 배우려 하지 않았다. 하지만 온라인 비즈니스 환경은 생각보다 빠르게 변화했다. AI 기반의 마케팅 툴부터 고객 관리 자동화 시스템까지 디지털 기술의 발전에 맞춰 새롭고 편리한 툴들이 끊임없이 쏟아져 나왔다. 그뿐만 아니라 잠재고객들이 모여 있는 곳도 페이스북에서 인스타그램, 유튜브 등으로 계속 변화했고 대중이 좋아하는 콘텐츠 스타일도 시시각각으로 바뀌었다.

이런 변화를 겪으며 내가 깨달은 점은 시장 변화에 맞춰 고객이 원하는 방향으로 비즈니스를 발전시키는 것이 곧 비즈니스의 지속 가능성을 결정한다는 것이었다. 변화에 민감해야 시장에서 살아남을 수 있다.

변화에 민감한 자가 시장을 지배한다

비즈니스는 계속해서 변화하는 시장의 흐름 속에서 이뤄진다. 이 흐름을 놓치지 않기 위해서는 내 비즈니스가 속한 분야의 트렌드를 정기적으로 모니터링하고 객관적으로 점검하는 것이 필요하다. 주기적으로 업계 뉴스와 관련 보고서를 확인하고 연말마다 출간되는 다음 해 트렌드를 예측한 콘텐츠, 도서들을 살펴보는 것이 필요하다. 이런 트렌드 예측 콘텐츠나 도서는 시장의 변화 방향을 미리 파악하고 비즈니스 전략을 계획하는 데 도움을 준다.

또한 빠르게 업데이트되는 다양한 온라인 비즈니스 툴들도 살펴볼 필요가 있다. 예를 들어 몇 년 전만 해도 주로 수작업으로 관리하던 고객 데이터 관리나 마케팅이 이제는 AI 기반 분석 도구를 통해 더욱 정밀하고 쉽게 관리할 수 있게 되었다. 복잡했던 작업들을 쉽게 할 수 있게 되면서 이제는 1인 기업가도 고객의 행동 패턴을 분석하고 맞춤형 마케팅을 제공하는 것이 가능해졌다. 내 생각엔 이 기회를 빨리 잡는 사람이 비즈니스를 성장시키고 더욱더 크게 성공할 것이다.

고객의 피드백은 시장의 변화를 읽고 비즈니스를 그 변화에 맞게 조정하는 데 필요한 아주 중요한 정보다. 고객은 변화하는 니즈를 가장 먼저 느낀다. 따라서 그들의 피드백을 통해 시장이 어떻게 변화하고 있는지 읽어야 한다. 고객 설문조사나 피드백, 리뷰 등을 통해 고객의 의견을 파악하고 이를 반영하면 고객의 요구에 빠르게 대응할 수 있다.

나는 새로운 강의를 계획할 때 잠재고객들의 레벨과 그들이 특히 어려워하는 점과 궁금한 점에 대해 여러 차례 설문조사를 한다. 그리고 이 결과에 따라 강의 내용을 변경한다. 이렇게 고객의 요구에 맞춰 가는 사이 내 강의에 대한 고객 만족도와 참여도, 신뢰도도 따라 올라갔다. 작은 피드백도 무시하지 않고 빠르게 전략에 반영하는 유연한 접근이 변화하는 시장 속에서 경쟁력을 유지하는 데 큰 도움이 되었다.

스타벅스는 모바일 기술이 발전하면서 고객들이 더 쉽게 주문하고 결제할 수 있도록 모바일 앱을 도입했다. 이 앱을 통해 고객은 매장에서 줄을 서지 않고 미리 주문하고 결제할 수 있게 되었고, 스타벅스는 고객 만족도를 높일 수 있었다. 그리고 최초로 모바일 앱으로 주문 결제를 할 수 있는 시스템을 만든 데 그치지 않고 기프티콘을 포함한 다양한 쿠폰 저장 기능, 배달 주문 기능 등 다양한 기능들을 계속 추가하며 고객들이 충성하도록 만들었다. 이런 점 때문에 스타벅스는 치열한 커피 전문 브랜드 사이에서도 여전히 사랑받고 있다.

또 다른 사례로 컬리를 들 수 있다. 이마트나 홈플러스 등 다른 대형 마트보다 늦게 시작했지만 고객의 요구에 맞춰 점차 상품의 범위를 넓히고 '새벽 배송'을 최초로 도입하면서 컬리는 짧은 시간 내에 크게 성장했다. 이는 고객의 요구를 세심하게 반영해 신속하게 대응한 덕분에 가능한 일이었다.

다음은 비즈니스에서 상황에 대한 유연성을 기르고 변화에 대응하는 능력을 높이기 위한 방법들이다.

1. 정기적으로 시장 트렌드를 모니터링하기

비즈니스에 영향을 줄 수 있는 변화는 주기적으로 모니터링하는 것이 중요하다. 새로운 기술이 등장하거나 소비자의 행동이 변화할 때 이에 대비할 수 있도록 연말에 출간되는 트렌드 예측서를 참고하거나 관련 뉴스레터, 콘텐츠 등을 관심 있게 살펴보자.

2. 고객의 피드백을 바탕으로 개선점 찾기

고객이 느끼는 불편과 개선 요구를 반영하는 것은 변화에 유연하게 대응하는 중요한 태도다. 고객 설문조사나 피드백 수집을 통해 고객이 무엇을 원하는지 파악하고 필요할 경우 빠르게 서비스를 조정하자.

3. 새로운 툴과 기술을 열린 마음으로 수용하기

빠르게 변화하는 온라인 환경에서 새로운 도구와 기술에 대한 열린 자세가 필요하다. 예를 들어 AI나 데이터 분석 도구는 고객의 요구를 예측하고 맞춤형 서비스를 제공하는 데 유용하다. 비즈니스에서 중요한 고객들의 데이터를 수집하고 효과적으로 활용하자.

4. 위기 속에서 기회를 찾기

시장 변화가 예기치 않게 위기가 될 때도 있다. 그러나 이를 긍정적인 시각으로 바라보고 기회로 전환하려는 노력이 필요하다. 예상하지 못한 변화가 생겼을 때 당황하지 말고 이를 어떻게 활용할 수 있을지 고민하는 것이 중요하다. '이 변화가 내 사업에 어떤 기회를 줄 수 있을까?' 같은 질문을 통해 위기 속에서 새로운 길을 모색하자.

찰스 다윈은 "강한 종이 살아남는 것이 아니라 가장 변화에 잘 적응하는 종이 살아남는다."라고 말했다. 세상은 끊임없이 변하고, 그 안에서 살아남는 것은 가장 강한 존재가 아니라 변화에 민감하게 적응하는 존재다. 아무리 강력한 비즈니스라도 변화하지 않으면 언젠가는 도태될 수밖에 없다. 그렇기에 지속 가능한 비즈니스의 핵심은 변화의 흐름을 읽고 필요에 맞춰 끊임없이 조정하며 발전하는 능력이다.

이 책에서 제시한 다양한 전략과 도구들은 요즘처럼 하루가 다르게 변화하는 환경에서 여러분의 비즈니스가 성장할 수 있도록 해줄 것이다. 비즈니스가 처음부터 완벽하고 강력할 필요는 없다. 우선 한 발짝 내디딘 다음, 세상의 변화에 맞춰 유연하게 적응해 나갈 때 비로소 성장의 길이 열릴 것이다. 이 책이 여러분에게 지속적인 배움과 변화에 대한 자신감을 심어 주기를 바라며, 앞으로 여러분의 비즈니스가 변화의 물결 속에서 굳건히 성공을 이뤄 가기를 진심으로 응원한다.

1 성과 코치이자 자기계발 트레이너. 저서로는 《백만장자 메신저》 등 다수가 있다.

2 변화심리학의 최고 권위자. 저서로는 《네 안에 잠든 거인을 깨워라》 등 다수가 있다.

3 오프라 윈프리가 인정한 차세대 'Thought Leader(사상적 리더)'이자 마리TV 진행자. 저서로는 《믿음의 마법》 등 다수가 있다.

4 https://www.oberlo.com/statistics/average-ecommerce-conversion-rate.

5 포디엄의 2022년 소비자 리뷰 조사.

6 클래스유(classu)에 명시된 수강생 수로 추산한 금액.

7 한국 소비자원 소비생활지표 조사 결과 보도 자료(2021; https://www.kca.go.kr/home/sub.do?menukey6101&modeview&no1003294242).

8 한국소비자원 소비자정책연구 2020년 2021년 데이터 기준 장바구니 포기율.

9 커스텀미디어랩스(customedialabs) 통계 자료.

10 페이스북은 2012년 인스타그램을 인수했고 2021년 회사 이름을 메타 플랫폼스

(Meta Platforms)로 변경했다.

11 2023년 6월 아이지에이웍스에서 발표한 자료에 따르면 2023년 상반기 SNS/커뮤니티 분야 모바일 앱 순위 1위는 인스타그램 1,835만, 2위 네이버 밴드 1,783만, 페이스북 950만이었다.

12 convince&convert.com.

13 중앙일보 2024년 7월 10일 기사.

14 ALT 태그는 이미지에 대한 대체 텍스트(Alternative Text)를 설정하는 HTML 속성.

15 Cart Abandonment Rate Statistics 2024 by baymard.

16 1980년대 이탈리아 프란체스코 시릴로(Francesco Cirillo)가 고안한 공부법. 25분 집중 후 5분 휴식하는 것을 네 번 반복하고 그 뒤에 15~30분 정도 휴식을 취하는 방식이다.

17 스마트폰이 대중화되기 이전 사용된 최저 성능의 휴대전화(위키백과).